乘势而上 一马当先

龙江村改与基层群众工作实践

中共佛山市顺德区龙江镇委员会
佛山市顺德区龙江镇人民政府 编

南方日报出版社
NANFANG DAILY PRESS
中国·广州

图书在版编目（CIP）数据

乘势而上　一马当先 ： 龙江村改与基层群众工作实践 / 中共佛山市顺德区龙江镇委员会，佛山市顺德区龙江镇人民政府编. — 广州 ： 南方日报出版社，2021.11（2022.2重印）

ISBN 978-7-5491-2457-2

Ⅰ. ①乘… Ⅱ. ①中… ②佛… Ⅲ. ①农村经济－经济体制改革－研究－顺德区 Ⅳ. ①F327.654

中国版本图书馆 CIP 数据核字(2021)第 236738 号

CHENGSHI ER SHANG YIMA-DANGXIAN

乘势而上　一马当先 ： 龙江村改与基层群众工作实践

编　　者：中共佛山市顺德区龙江镇委员会　佛山市顺德区龙江镇人民政府
出版发行：南方日报出版社
地　　址：广州市广州大道中 289 号
出 版 人：周山丹
出版统筹：阮清钰
责任编辑：李佳航　巫殷昕
装帧设计：肖晓文　邓晓童
责任技编：王　兰
责任校对：裴晓倩
经　　销：全国新华书店
印　　刷：广州市岭美文化科技有限公司
开　　本：787mm×1092mm　1/16
印　　张：13
字　　数：190 千字
版　　次：2021 年 11 月第 1 版
印　　次：2022 年 2 月第 2 次印刷
定　　价：48.00 元

投稿热线：（020）87360640　　读者热线：（020）87363865

目 录
CONTENTS

引子

土地者，民之本也。

农村土地资源是农民的传世之宝，是农民赖以生存和发展的最基本的物质条件。村级工业园改造（简称“村改”）的主线，就是农民与土地的关系，把集体所有性质的土地，改成国有建设用地。这条敏感的神经，一般人不敢去触碰，因为牵扯的经济利益纷繁复杂，历史账目难以整理，经济补偿数目巨大，哪一个问题处理不好，都将引发一场震荡，影响地方稳定发展的战略。

但在很多人都觉得难以入手、望而却步的工作上，顺德龙江的干部演绎了村改工作的速度与激情。

从2018年4月响亮回应顺德区委、区政府将村级工业园改造作为“头号工程”的号召开始，在一年半的时间里，龙江村改干部不仅攻下五个千亩改造园区，还做到了和村民团结一心，村民表决率从开始的85.1%到最后100%通过。2020年突如其来的新冠疫情也没有延缓村改的步伐，龙江村改连续多箭齐发，到9月率先在全区完成“万亩奔腾”的改造目标。2021年更是仅用了三个月就完成19个村改项目表决，在顺德全区一马当先实现村级工业园区的“应改尽改”，取得村级工业园改造的决定性胜利，改造整理村级工业园总面积达20 775.56亩。

从“破冰攻坚”到“一马当先”，从“群众拒绝开门”到“出门笑脸相迎”，拆农民的旧屋厂房，动了农村传统固有利益的蛋糕，却还能和村民亲如一家，龙江村改干部靠的就是群众路线这个革命工作法宝。

习近平总书记在纪念毛泽东诞辰120周年座谈会上着重强调，从群众中来，到群众中去，把群众路线贯彻到治国理政全部活动之中。作为顺德村改的标杆镇街，龙江村改铁军用多项接地气的政策举措，生动实践如何用心、用情、用脚走好群众路线。

“哪怕只有一张反对票，我们也要去消除群众的疑虑疑问，做好沟通解释工作，帮助群众解决困难。”龙江村改干部这样想，也这样做。

近三年900多个日夜，有温度的村改化开了误解，有情怀的村改消解了疑虑。龙江村改干部用心用情做好群众工作，赢得群众的信任和支持，最终凝聚起势不可挡的群众力量，创造出万亩奔腾、应改尽改的村改奇迹，为顺德村改提供了新时期基层共建共治共享治理新格局的鲜活样本。

第一章

使命
——头号工程与群众之需

改革开放初期，龙江所在的顺德因“村村点火、户户冒烟”的发展模式而兴，这种模式为农村集体经济和民营经济发展创造了空间，孕育出一大批规模以上工业企业和知名上市公司，对推动顺德从农业社会向工业社会过渡作出了历史性贡献。但因为经济增长对建设用地依赖性较强，土地低效、粗放扩张比例较高，长期以来的粗放型经济发展模式留下了村级工业园等大量“三旧”（旧城镇、旧厂房、旧村庄）用地。随着产业结构的转型升级，村级工业园逐渐成为历史的包袱、发展的沉疴，“土规挂起”现象严重，发展参差不齐、土地权属复杂、安全环保问题突出、土地利用率低等问题交织，阻碍了人才和创新要素的引入，制约着顺德迈向现代化的发展。

头号工程：
回应时代使命

当前，土地利用步入存量时代，已是一个全国性的问题。如何迎接土地开发利用的存量时代，如何进一步节约集约用地，让低效用地产生更大收益，这不仅仅是顺德面临的发展难题，更是全省乃至全国产业转型升级、经济高速发展亟待思考解决的重大课题。

三旧改造　解决存量问题

十多年前，顺德就已开始探索使用存量建设用地，尝试通过三旧改造，以工业地产模式改造散乱的工业区，集约利用紧张有限的土地资源，此举开创佛山乃至广东三旧改造的先河。2013年，国土资源部对广东的三旧改造经验进行全面总结，并上报国务院，获得同意后，陆续在浙江、辽宁、上海等地推广。2016年11月11日，国土资源部印发《关于深入推进城镇低效用地再开发的指导意见（试行）》。三旧改造从顺德到佛山，从佛山到广东，最终上升为国家低效用地再开发政策，顺德探索为全国三旧改造提供了鲜活经验。2017年，顺德区委、区政府将村级工业园区整治再次提升到新的高度，并与“产保区”工作相结合，制定《佛山市顺德区产业发展保护区管理办法》和村级工业区“双达标”两个文件，创立全国首个产业发展保护区，原则上禁止“二改三”，鼓励“二改二”，是明确保护实业的举措，意义重大，影响深远。

但必须面对的一个现实是，存量土地所涉及的产权关系、利益关系更为复杂，盘活需要面对不同的利益主体。时任顺德区委书记郭文海在2017年到任后，收集民意时发现，社会上方方面面的人，尤其是企业家，强烈反映顺德已经没有发展空间了。而通过对全区村级工业园逐一进行摸底，发现全区共有382个村级工业园，面积占已投产工业用地70%，却只贡献了4.3%的税收。亩产效率之低、效益之弱，可见一斑。

如果从空中俯拍，就可以看到高楼林立的现代化都市与破落杂乱的生产作坊相邻，在标准化智能制造工厂的不远处散布着低矮破旧的小车间，大地百孔千疮，补丁满满。

顺德经济体量大，地区生产总值比江浙一些县区大很多，但拖着村级工业园的沉重枷锁，步履艰难、气喘如牛。破旧村级工业园与习近平总书记提出的新发展理念和高质量发展、生态文明、乡村振兴、美丽中国等要求格格不入。高耗能、低产出、环境恶化、管理落后、安全隐患突出等问题也到了不容忽视的程度。创造顺德经济辉煌，扮演了珠三角制造业摇篮角色的村级工业园，逐渐成为发展桎梏，不仅挤占了大量空间，还成为“散乱污破”的代名词。

虽然“不能拖着破旧的村级工业园进入新时代”的必要性、紧迫性和重要性在顺德干部群众中已经有了一定共识，但要碰一个盘根错节地延展了40多年的“利益体”，面对“长租期、低租金”情况严重、土地权属复杂、“土规挂起”等问题，涉及数百家村级工业园、数万家各类企业、数十万就业人口，钱从哪里来？人往哪里去？到底怎么改？结果会怎样？又会产生什么连锁反应？没有经验可循，难度可想而知。有人用“老虎吃

时任佛山市委副书记、顺德区委书记郭文海（居中）到龙江调研村级工业园改造工作

天”来打比方，形容目标很大，但是不知从何下口。向村改这个“无人区”发动进攻，社会上怀疑、质疑的声音不断，很多人都为区委、区政府捏了一把汗。所以即使是准确判断问题所在，痛下决心，破釜沉舟，也要经过一番挣扎。

在顺德流传着这样一个故事：2018年1月8日凌晨1时多，区委办公室的同事还在焦急等待，上午9时中共佛山市顺德区第十三届代表大会第三次会议就要召开了，而作为重头戏的党代会报告，郭文海书记却依然没有定稿交给他们印刷。是将“村改”定为“头号工程”，将其作为许胜不许败的攻坚战，还是将“村改”作为重点工程，给工作留点余地，给自己留条退路……此刻的郭文海反反复复思量，写了又删，删了又改回来。最终下定决心将村级工业园改造作为顺德党委、政府的“头号工程”，不做试点，十镇并进，强力组织攻打一场没有退路的攻坚战，率先建设广东省高质量发展体制机制改革创新实验区，走出一条高质量发展的顺德新路子。

先行先试　打造顺德样板

旗帜已立，东风相助。2018年3月，全国两会期间，习近平总书记在参加广东代表团审议时表示，人民群众什么方面感觉不幸福、不快乐、不满意，我们就在哪方面下功夫，要求广东“要以壮士断腕的勇气，果断淘汰那些高污染、高排放的产业和企业，为新兴产业发展腾出空间”。

用郭文海的话说，当习近平总书记的最新讲话精神传达下来后，感觉“获得了强大的思想力量”，“为我们先行先试的想法加了一把猛劲”。

村改的方向完全符合习近平总书记最新的讲话精神，这让顺德在村改起步时便获得了巨大的信心，有力政策相继出台。2018年8月18日，佛山市政府印发《佛山市村级工业园整治提升实施方案》，改变了过去对村级工业园的综合整治小修小补，以环境安全整治为主的整治模式，把村级工业园的整治提升从专项行动上升到城市的发展战略。9月19日，省委深改组正式批复同意佛山市顺德区率先建设广东省高质量发展体制机制改革创新实验区，要求顺德“大胆试、大胆闯、自主改”，此后更明确提出建立改革容错免责机制，鼓励顺德只要有利于高质量发展都可大胆先行先试，为先行先试思想“松绑”。佛山市委、市政府对市属权限按照“能放尽放”的原则予以放权，全力支持。

有广东省委、省政府和佛山市委、市政府的大力支持，在改革开放40周年之际，顺德又一次扛起改革大旗，以强烈的使命感和责任感，勇于突破、先行先试，以问题为导向，创新12项新做法，对于区级权限不能解决的问题，主动向省申请并获11项政策支持，出台了45份配套文件，形成较为完备的政策体系，有力破解了历史遗留问题。

轰轰烈烈的村级工业园改造攻坚战拉开了序幕，一场“土地再革命”“效率再革命”在顺德大地上磅礴展开。在高质量发展体制机制改革创新上做出“顺德样板”和“顺德示范”，顺德人闻鸡起舞，不辱使命、不负重托，撸起袖子加油干！

龙江探索：
凝聚社会共识

顺德村改十镇并进，进军无人区，龙江一骑绝尘。

2018年4月，龙江立下军令状，成立改造专项领导小组。经过研究，确定“10+2”连片区域作为三年内改造重点，重点推进其中六个片区的升级改造并出具初步方案。8月15日，仙塘宝涌工业区（一期）改造方案进行表决，99.28%仙塘股民参与表决，最终以85.13%的同意率通过表决，刷新了当时的仙塘村民表决纪录。8月30日，由政府进行挂账收储，拉开了仙塘村改的序幕。11月8日，仙塘宝涌工业区正式开拆。2019年4月9日，一期改造项目由有丰富工业园区开发经验的万洋集团中标，随后九天办理了初步建设审批手续，成为顺德落实开展承诺制容缺受理和信任审批改革试点的代表性项目。

都说“老虎吃天，无从下口”，龙江人又是怎么做到的？

龙江很早就认识到早期的土地规划和利用无序性极大地制约了城市的规划和企业的发展。而且龙江的土地开发强度已超过50%，再要从新增土地供

仙塘宝涌工业区（一期）改造后，一栋栋现代化厂房拔地而起，建设成顺德万洋数字装备产业园

给上获取红利是难以为继的，必须在原有的土地上做文章，尤其是要在总量巨大的村级工业园区上想办法取得突破，才能支撑今后的城市建设和经济发展。因此早在村改总攻发起之前，龙江就先行一步，以“工改工”为主，探索出多种改造模式，推动改造工业园区3000多亩，打造了一批阶段性示范项目，包括单体改造模式的南兴果仁厂项目、多业主联合改造模式的乐龙国际产业园、连片自主改造模式的陈涌工业区，为顺德村改提供了多种改造途径和多个样板工程。

南兴果仁的单体改造

“没有村改的实施，就没有今天的南兴果仁。”南兴果仁总经理助理何锦荣说。

作为顺德区首批三旧改造工业“二改二”示范点的佛山南兴果仁制品有

限公司是龙江的骄傲，不仅因为南兴果仁是龙江镇的纳税大户，还因为南兴果仁提供了单体改造的样板工程。20世纪90年代，公司刚进入顺德，厂房大都是简易结构的锌棚，土地使用效率不高，容积率低，年生产总值约3000万元。“以前，这里都是一层的平房，厂房面积也只有4万平方米。”南兴果仁董事长邓惠娟坦言，当时的设备也没有跟上，产能很低。“产能没有保障，就没有打开市场的信心。”2009年，南兴果仁正式启动了旧厂房改造项目，分五期推进。2011年4月，南兴果仁地块被认定为三旧改造项目，成为顺德首个“二改二”项目。2016年，顺德为16家符合政策的三旧改造项目代表发放财政扶持奖补资金约8000万元。其中，南兴果仁的前三期改造项目共获得了480万元的奖补。得益于三旧改造带来的帮助和提升，南兴果仁前三期建筑面积扩大了一倍，扩大到8万平方米。公司在厂房改造的同时引进自动化生产设备，加快了企业自动化、智能化、管理现代化进程，从而提高生产效率、产量。“与改造前相比，员工从1000多人减少到800多人，产值却扩大了三倍多，2017年销售额超过了8亿元；而纳税额在2009年是2000万元，2017年已经超过了7000万元。2019年产值达30亿元。”南兴果仁在没有增加一亩建设用地的情况下，通过单体改造淘汰落后产能，实现产业发展的目标。

“不管以后如何扩张，总部还是会留在顺德。我们将继续扎根顺德，坚守果仁。”邓惠娟说，“在顺德经商几十年，最大的感受就是政府对企业的支持力度很大，服务也很到位，有了政府的支持，企业才能做大做强，非常感恩政府。”

乐龙国际创意城的“变身”

同样在政府支持下改造成功的，还有龙江生物医药产业基地，即原乐龙国际创意城。这是一个多企业联合改造的共赢模式。创意城改造前以低矮锌铁棚厂房为主，总建筑面积约3.9万平方米。“当时都是旧厂房，甚至是堆放工业垃圾的地方。”乐龙国际合伙人之一、顺德区龙江镇新基实业有限公司董事长刘基贤回忆。2012年，刘基贤与几个企业家对该地块启动改造，在龙江镇政府的引导下，多企业在不同产权以及产权到期时间不同的情况下，达成共识，一起规划发展，将原来低矮厂房升级为综合性大项目，档次大大提升。第一期改造面积达13万平方米，总投资2亿元，统一报建建设，统一竣工验收，建成后已有300多家企业进驻，成为家具设计师们的汇聚地。

随着村改的推进，项目二期准备启动，乐龙国际创意城成为龙江镇三旧改造的示范项目，同时项目将跨界转型升级为生物医药产业基地。跨界转型并非心血来潮，而是紧跟顺德产业发展趋势的“腾笼换鸟”行动，得到了龙江镇政府的大力支持。“政府和我们一起去北京招商，给我们指引，更为我们站台，让我们对转型生物医药产业充满信心。”乐龙国际的刘基贤说。2017年，乐龙国际A、C座作为生命科学产业基地一期启动区，已引入超过六家生命科学类型企业。政府通过产业规划、政策扶持、招商驻点、环境改造等方式，联动各个相关职能部门进行建设。整个园区范围内空间、环境整体得到较大提升，绿化、停车等配套得到较大改善，吸引了生物医药等先进产业企业进驻，实现租金上涨，产业升级，有很好的示范意义。

陈涌工业园区的改造

2015年，龙江率先启动村级工业园区综合整治提升，向佛山市委递交成为全区村级工业园区改造创新试点的申请。2016年4月，顺德区国土城建和水利局、区发展规划和统计局与龙江镇签约，下放或委托龙江镇有关村级工业园区三旧改造相关审批权限，龙江镇作为全区村级工业园区三旧改造试点全面启动村级工业园连片改造。2017年，根据顺德区制定的《龙江镇村级工业园区连片“二改二”三旧改造竞争性政策》，龙江镇对村居上报的六个连片改造区在规划、交通、基础设施、产业、环境保护、安全生产等方面进行综合评价，并评选出陈涌和仙塘两个具备近期改造条件的连片工业区。

陈涌工业园区成立于1998年，是龙江重点建设的村级工业园区之一。从第一批企业的进驻成功，到第二批企业的相继建成，仅仅用了两年多的时间，在往后十多年的引资建设后，工业区逐步成熟，成为龙江重要的家具生产基地之一；周边有旧325国道、龙高路等，后来又有了佛开高速，坐拥优越交通优势。不仅如此，陈涌工业区几乎没有违建，厂房用地手续齐全。上述这些优越条件，使得陈涌工业区从龙江改造试点候选园区中“脱颖而出”，被选定为龙江镇产业发展保护区以及村级工业区环境保护、安全生产“双达标”综合整治的首个试点园区。

由于建成时间早，工业园区大多是低矮的厂房，单个面积在3000—5000平方米，“多而小”，产出效益很低，厂房出租价还停留在8元/（平方米·月）。陈涌工业区有不少业主认识到需要提升，但是考虑到单打独斗、不成规模，自己改别人不改，难成规模效益，也难以改善整体环境、提升园区形象和价值，不仅租金上不去，改造成本都收不回来，因此业主们改造意愿不强。龙江镇政府在工业园被纳入顺德区第一批产业发展保护区前就已经开始做园区业主的工作，推动园区改造，实现环保和安全生产“双达标”。

为调动业主积极性，龙江镇制定出相关的扶持政策，其中试点区内旧厂房拆除重建的项目，能获得96元/平方米的一次性建设期租金扶持；区域内旧厂房在规定期限日前动工拆除的，按不同时段分别给予1—3个月的奖励扶持；对于区域内拆除重建的项目，在取得不动产证并能实际交付使用后，由镇国资公司按建筑面积不低于8元/（平方米·月）的标准优先进行租赁。这些措施在一定程度上给予企业扶持，并尽可能地解决其后顾之忧。

镇政府出规划、给政策，提供设计方案。园区内原有的企业以家具企业为主，产业是龙江的根基，做实了产业载体，才能更好地承接北部片区的溢出效应。龙江镇政府把村级工业园区的改造作为地方产业提升的必由之路，在改造过程中，结合三旧改造政策工作，进一步提升片区的产业结构，优化生产环境，根据片区的产业结构，将陈涌工业园打造成为“环保智能家居产业园”。除了扶持政策的出台，龙江镇政府还做好“兜底”工作。在陈涌工业园完成厂房改造后，龙江将招商资源对园区进行倾斜。实现统一招商、统一管理，采取“腾笼换鸟”的方式，在保持家具、塑料建材、食品纺织等支柱产业的基础上，积极引进环保、高附加值等新型产业，以此来促进龙江产业结构调整优化，逐步提升龙江镇经济发展的质量和效益。政策引领、国资撬动、社会资本积极参与的园区改造模式，在全区村级工业园改造工作中树立了标杆。

群众之需：
村改剑之所向

龙江拍过一部村改的微电影，第一个镜头是村改干部召集村民和企业家开会做政策宣讲，才起个头，就被激动的村民业主打断：

“你说征地就征地，我们以后靠什么吃饭？”

“你说搬就搬，拆就拆，我还有十几年合同，损失谁来赔？”

“村改干部就是新华西村的罪人！”

…………

村民们拂袖而去，留下不知所措的村改干部面对空荡荡的会议室和满地凌乱的文件。这个镜头真实地还原了村改开始时，村改干部面对的困境。

尽管龙江三旧改造一直走在全区前列，创造了丰富的园区改造经验，但在面对当前难度更大、层次更深、范围更广的村级工业园改造时，也经历了一段艰难的探索。村民、租用企业和厂房业主三大利益主体就像三座大山横在村改干部面前。土地属于村集体，厂房出租租金再低，那也是稳定的收入；租赁签约还远没到期就要收回去，企业损失难以计算；作为二房东的厂房业主，坐拥收取倒手差价的红利，要被村改直接把经济来源截断，不掀桌子已经算是客气了。

做好服务者角色，所有利益归村民

怎么办，山不来就我，我去就山，办法总比困难多。

为人数最多的村民设计受益的改造方案，政府充分让利，自己定位为服务者角色，不参与利益分配，所有村改利益归村集体和村民。每一个村民能够从村改中获得每股2万至6万元不等的一次性分红，以及翻了2至6倍的长期性村集体租金分红。此外，镇政府坚持村改和乡村振兴相结合，“村改到哪里，乡村振兴就到哪里”。村改不仅让村民荷包鼓起来，村里的环境也彻底变了。每个完成村改方案表决的村居，都能获得龙江镇委、镇政府支持的不少于2000万元的乡村振兴与高质量发展扶持资金，用于统筹推进参与村改村居的路网改造、河涌整治、公园建设、新建学校等民生

用好乡村振兴扶持资金，推动更多乡村振兴项目落地实施，图为苏鳌公园

项目，进一步提升农村生活环境，让村民收获看得见、摸得着的幸福感，真切体会到村改是一次财富增值的机会。

村改让村民的目光变得长远，龙江镇党委书记甘志宇提到，有一个村居计划拆除村内的低矮厂房，村民提出，不要分掉拆迁的收益，要把原来的厂房改建成公园。原来有太多厂房，生活环境压抑，道路窄、出口窄、堵车、空气不好，希望改建成公园，美化环境、打开空间。如果资金还有剩余，则希望用于改善村内的教育条件。

从村改之初仙塘宝涌工业区第一期改造方案的村民同意率85.13%，到2020年同意率普遍达到99.90%、100%，旺岗、排沙和左滩三个村村民甚至同意改造现金收益不作量化分配，留作发展用地和自留建设用地等建设资金。“虽然不能一次性分红，但从长远来看我们可以获得更多的集体物业租金收益，有能力有财力把家乡建设得更美好。”这成了越来越多龙江村民的共识。从“要我改”转变成“我要改”，将村改与农村农民长远收益结合起来，提留现金分红用于村居创造更好的生活环境，以及开拓未来乡村振兴的发展，这是村民们在村改中树立“自己家园自己建”理念，作为主人翁的最真切愿望。

采用市场机制协商补偿园区企业

村改是为了“腾笼换鸟”，那原来的鸟儿，就要都驱赶散尽吗?

对于企业，龙江镇提出了“坚决淘汰一批，必须留住一批，努力提升一批”的工作原则。除了采用市场机制协商补偿园区企业，龙江镇政府在每一次村改启动前，都做了大量细致工作，包括上门和企业充分沟通，对现有腾挪园区进行梳理分类，对规模以上企业“一企一策”研究好具体方案，切实制订村级工业园中产业链配套、成长型优质中小微企业的腾挪安置计划，通过厂房租赁、厂房购置、厂房建设以及政策扶持，给予企业充足的清退时间，减少腾挪给企业带来的影响。“政府来不是赶我们，而是真的来帮我们的。”这是很多旧园区业主在搬迁时的真实感触。

“我们三年前租下厂房之后，还投入了几百万元进行改造、装修，搬迁的话就打了水漂。”位于龙江镇新华西村的佛山市伊思曼家具有限公司总经理黄浪在2019年听到要改造的消息，表示“心都凉了”。新华西村党委经过实地考察，对“集体转国有+挂账收储”模式提出了更新，通过公开征求意见后决定村里新建的高层厂房，在环保、消防等方面都符合要求，厂房收回后直接作为集体物业招租，不转为国有，也不拆除重建。“我们很感谢党委、政府的努力，让我们不用搬迁。”伊思曼董事长熊朝银说。新华西村对通过村改获得的19万平方米厂房分成八个标段公开招租后，伊思曼从众多竞选者中胜出，不但原先的厂房不变，而且还将所在整栋楼全部租下，准备扩大生产规模。

优质服务得到企业的肯定，龙江233家规上企业没有一家离开，一批优质的小微企业也愿意扎根龙江成长。同时，龙江还借助村改机遇，淘汰了上百家脏乱差的落后企业，为优质企业的发展提供更广阔的空间。

村改最大的阻力，莫过于二房东身份的厂房业主。大部分厂房业主就是本村村民，在早些年以低价跟村集体签了几十年的租地协议，盖上简易厂房出租，过上包租公的生活。村改动了他们的奶酪，因此不是坚决反对，就是漫天要价。

对此，龙江镇在坚决明确这些业主当年获得土地的方式本质就是租，厂房只能按照市场评估价给予补偿的原则上，充分考虑业主的利益。一方面反复研究相关政策，全面梳理厂房、土地等租赁合同，邀请村委老干部、长者确认历史细节，聘请第三方专业机构，对土地和房产价值进行评估、折旧计算，科学制定退租企业赔偿方案和标准，确保业主得到合理的补偿。另一方面，村改工作组通过与业主面谈、进企调研、入户走访等形式，日夜兼程、用“读得懂、接地气”的语言，耐心细致地解读改造方案，进行说服工作。负责制图工作的村改干部梅广文回忆，每一个项目从启动时要做的地块权属图、园区卫星图等，到项目推进中的表决方案、后期项目土地出让的实施方案，需要做十几张图，每份图纸经常要修改十几次。他每晚加班到21时已是常态，有时甚至到凌晨三四时。“那时候第二天一早村股份社就要和业主签解租协议了，我便和同事连夜加班核对测量数据，修改图纸，确保万无一失，我们才放心。”

“最初我听到村改消息时，一度睡不着觉。”新华西宝涌工业区业主吴淦荣说，村改干部晓之以理、动之以情，一边帮自己按照区镇相关办法争取补偿，一边在全镇范围内帮助租赁厂房的企业寻找合适搬迁地点和转移相关证照，让企业安心在龙江继续扎根发展。从一开始对村改意见很大，到后来成为第一批签订解除协议的业主之一，还主动协助驻村工作组做村民工作，吴淦荣说：“最后，大家都很感动，一致觉得村改干部和政府非常贴心，尽力兼顾我们的利益。”

实践证明，只有从群众利益出发，充分协调平衡各方利益，才能获得群

村改工作马不停蹄，大家一边用餐一边研讨改造方案

众的真心拥护和认可，啃下村改这块“硬骨头”，实现龙江村改的“万亩奔腾”。迈开历史的第一步，第二步就不会驻足。2021年，龙江继续乘势而上，紧密铺排全链条工作，向村级工业园“应改尽改”发起第三轮决战冲锋，完成13个村居共19个村改项目表决，比2018年至2020年的总和还要多。从2018年到2021年，龙江镇经过三年多的不懈努力，不断探索创新，共推动了22个村（社区）完成34个村改项目，全镇累计改造面积20775.56亩，为高质量发展腾出了空间，为全区村改提供了“龙江样板”。

2019年和2020年，龙江连续两年被区委、区政府评为“顺德区村改攻坚标杆单位”，村改的经验做法获得了国家主流媒体的争相报道。通过村改，龙江走到了顺德舞台的中央。

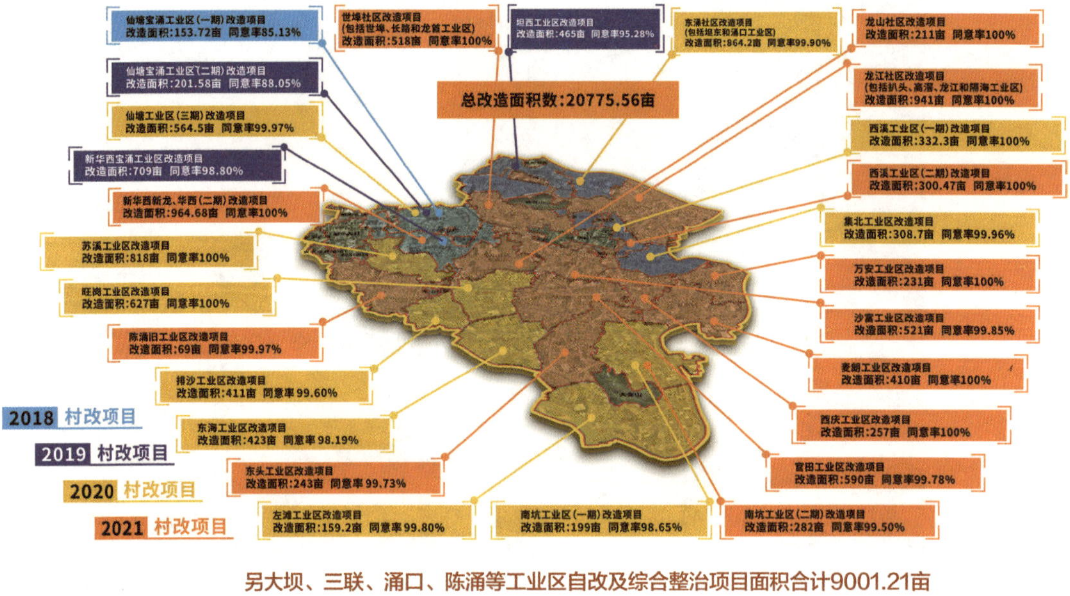

龙江村改区域图

顺德仙塘村改三年，同意率从85%升至99.9%的背后是什么？

发布于2020年11月2日，南方+，熊程

“到账了！”10月的最后几天，佛山市顺德区龙江镇仙塘村的村民赖伟文十分高兴，一家人的账户上陆续收到了9.1万元，这是该村宝涌工业区二期改造项目的股东分红款。

作为顺德“头号工程”村改最早一批先行者，仙塘村从2018年以来已经成功推进了三期村级工业园改造。三年的三次改造，股民同意率从一期项目的85.13%提升到三期项目的99.9%。村改从大部分群众支持到绝大部分群众支持，这也是龙江乃至顺德村改的缩影。

让村改走进村民的内心，靠的不仅是一时的分红，甚至也不仅是未来配建的集体物业收益。通过村改，仙塘村得以从根本上解决过去一度存在的工业污染问题，还在政府的全面支持下开展了多个乡村振兴项目，一批更优质的企业也得以进入仙塘村，见证着旧城乡及产业面貌的巨变。

群众路线：三年，三期改造，三个层次

走在仙塘文化活动中心前的河涌边，清澈的河水、干净的村道，让人很难将这里与曾经的破落、污水横流面貌联系起来。仙塘作为典型的珠三角工业先发村，一度存在较为严重的环境污染问题。近年来尤其是2018年以来随着率先开展村改攻坚战，产业得到升级、集体收入提升，还引来了政府投资的一系列乡村振兴项目，渐渐有了如今的成效。

时间回到两年前。2018年，龙江镇选择将仙塘村作为村改试点，启动153亩的仙塘宝涌工业区一期（下称“仙塘一期”）改造项目。在此之前，由于相对远离镇中心城区，仙塘村从未有“卖地”开发并分红的经验。“特别是由于村改的创新性，在整个佛山甚至广东都难以找到对标的借鉴对象，从企业老板到社会各界，都给我们形成了很大的压

力。”仙塘村党委副书记赖德厚说。

村改要从群众利益出发。“每股分红1.7万元、配建厂房带来长期高收益等优惠政策和改造福利几乎前所未有，所以村民很自然地支持。”作为股民代表的赖伟文说。尽管改造的内容是全新的，但工作的方式一开始仍跟过去类似。从全部16个村民小组负责人轮流到村委会开会，到每户派代表到村委会开会，再到最后的集中定点投票，整个过程相对“传统”。最终，仙塘一期改造项目，获得了85.13%的股民同意率。用当时的眼光来看，这已经是较高的同意率。

事实证明，村改仅仅从群众利益出发不够，还要在具体工作过程中更加密切地联系群众、紧紧依靠群众。2019年，龙江镇带着仙塘一期的经验，启动了紧邻的新华西宝涌工业区的改造，却发现同样的工作方法“不灵”了，因为土地性质、利益关系都更为复杂，而且群众看到仙塘一期项目的成果，期待也更高了。于是，从镇属部门抽调人力、驻村挨家挨户做工作的“村改群众路线”逐渐升华。

仙塘宝涌工业区二期（下称“仙塘二期”）改造项目的租期等关系比一期复杂得多，村民的期待也高得多，所以也吸收了新华西村的经验，开始走群众路线。“第一期虽然同意率很高，总体上也为各方争取了比原先更大的利益，但是由于缺乏经验，所以也在一些细节处理上不够圆满，这也增加了改造难度。”赖伟文说。最终，在改造难度大幅上升的情况下，二期项目的股民同意率提升到88.05%。

成功推进两期改造后，仙塘村余下的工业区国有集体土地高度混杂、高层厂房多、与居民区犬牙交错、利益牵连更广。为彻底解决历史遗留问题，做到公平公正，龙江以更扎实有经验的群众路线推动三期项目整体改造。最终，三期项目的股民同意率达到99.9%，而龙江镇目前的其他村改项目也大多达到或接近100%。

这是顺德村改群众路线的第三个层次。“哪怕只有一张反对票，我们也要去消除群众的疑虑疑问，做好沟通解释工作，帮助群众解决困难。”顺德区派驻龙江镇挂职干部何敏辉说。

乡村振兴：塑造新的乡村运行方式

“在这里购买厂房的每年按揭款，跟东莞工厂一年的租金差不多，但是可以拿到产权，而且从政府到园区都提供贴身的服务。”新成立的佛山市美宝顺电子科技有限公司（下称“美宝顺电子”）总经理聂清丰说。美宝顺电子的新厂房，就位于仙塘一期项目的土地上。

产业是乡村振兴中的重要一块。以仙塘一期项目为基础，龙江镇引入浙江万洋集团，开发连片超千亩的宝涌万洋数字装备园，后者又成为龙江超20平方公里数字产业城的一部分。由于园区建设的高标准和项目进驻的严格把关，重新引进的大多为环境友好的科技型企业，不仅彻底解决了环境污染问题，而且改变了村子的利益格局，将村居的运行建立在一个更高层次上。

在原有的村级工业园利益格局中，业主是较为特殊又极为重要的一类人群。他们以低价从村集体中租赁土地开展经营，有的一直自主经营实业，有的则逐渐转行，将厂房租给其他企业，仅进行收租、管理。“我们业主的财富也来自社会，村级工业园改造是大势所趋，只要一碗水端平，大家都会支持。”同时身为仙塘村股民和业主的赖嘉林表示，将用从村改中获得的补偿款从事其他经营。

在村改带动下，龙江镇支持仙塘村开展了一系列乡村振兴项目。“工业要振兴，农业、商业、医疗卫生也要振兴，人居环境也要整治。”仙塘村党委书记赖珠兴说，目前仙塘村不单是产业要发展，还开展了污水管网、街心公园、鱼塘提升等项目，规划新建小学、中学，一方面为进驻企业做好服务，一方面也让整个村更加有活力。尤其是仙塘三期项目，由于地块分散而不适宜再全部改造为工业，所以许多规划为公园、停车场等公共设施。

赖珠兴举例说，随着污染少了、鱼塘环境好了，鱼塘的产量翻了好几倍，租金也从每年2000元一亩提升到了8000元，未来还将打造休闲农业、观光旅游等新业态。

龙江镇为鼓励仙塘村改，从第一期项目开始就配套了乡村振兴建设资金。今年顺德区启动新一轮农改，仙塘村也成为乡村振兴试点之一。随着首期村改项目改造时配套的2000万元已经快用完，龙江镇立即进行了追加资金，力求将仙塘村打造为以村改带动乡村振兴的标杆。

“现在，三期改造项目的大规模拆除还未启动，村民和业主们都充满了期盼。”赖伟文说。

村改先人一步　振兴快人一步

从村改落笔，龙江镇仙塘村描绘乡村振兴新画卷

刊于2020年12月9日，《珠江商报》，骆苏艳

12月7日，大雪节气，顺德阳光明媚，驱散寒意。旧幼儿园改造成的龙江仙塘党群活动中心里，老奶奶们正在听中医师讲课，这期讲座的主题是冬季养生膳食，正合她们意。活动中心正对的景观池一侧，老爷爷们三五成群地在小公园里下棋、打牌。路口转个弯，仙塘幼儿园里，孩子们正在操场上做操，吸引了几位途经的村民驻足观看。黄发垂髫，怡然自乐。这是龙江仙塘村的日常景象。

一切是那么的熟悉，一切又是那么的新鲜。2018年以来，仙塘村以村改带动乡村振兴，人居环境有了翻天覆地的变化，一间间锌瓦棚老旧厂房被推倒，一幢幢现代化厂房拔地而起，流经村里的五帽涌和龙山大涌的水变绿了，河道上还有生态浮岛，村里的旧路铺上了沥青，画好了停车位，杂乱的边角地摇身一变成了小公园，成了街角一景……

股东同意率一步步“进阶”

顺德区第一个村改示范项目——万洋众创城项目就位于仙塘村。7日上午，万洋众创城营销经理薛雷已经接待了好几拨客商。

万洋众创城总规划用地2618亩（已建设约709亩），建筑面积约500万平方米，是全省首个以“集体转国有+挂账收储公开出让”方式实现改造的村改项目。薛雷介绍，目前项目已经拿到首期、二期、三期的项目用地153亩、109亩和446亩。

万洋众创城（数字装备产业城）以3C制造设备、自动化装备、精密零件加工、数字光电、智能家居和汽车零部件等数字化装备产业为主导，边建设边招商引资，跑出了“顺德速度”。

“2019年4月9日首期拿地，4月23日动工建设，7月23日部分封顶，年底首期全部封顶。目前已经招商完毕，引进

42家企业，目前7家企业已进驻，14家企业正在装修厂房，预计明年上半年约70%的进驻企业可投产。二期今年1月拿地，受疫情影响5月才动工建设，目前预招商已达60%。三期今年8月17日拿地，三期启动区26万平方米的预招商已完成了20%。”薛雷介绍。

值得一提的是，进驻万洋众创城的企业中35%为龙江本地企业，这些企业抢抓村改契机进行增资扩产。其余进驻企业则以广深企业为主。

“一年多前，这里还是破旧厂房，如今全部都是现代化厂房，变化真的很大！”村民赖先生站在万洋众创城的大门口感慨道。

村改为企业带来了增资扩产的空间，同时为仙塘村村民带来了实实在在的长远收益。

仙塘工业区一期为仙塘村民带来有史以来最大一笔分红，每股约1.4万元。村民的回报远不止这一笔分红，仙塘股份社将获得3万平方米新厂房，估算租金收入约540万元/年。仙塘工业区二期将建成26万平方米的标准厂房，仙塘股份社再次获得每股1.3万元的分红和3万平方米的配建物业。随着仙塘工业区三期的推进，仙塘股份社将分期收回84万平方米的标准厂房作为村集体物业，收回的56.6亩土地将建成贴心公园、停车场等公共设施或留作日后发展使用。

算得出的高收益带来了一期比一期高的股东表决同意率。一期以85.13%的同意率通过，二期以88.05%的同意率通过，三期以99.9%的同意率通过。村改在仙塘村一步步“进阶”——从“要我改”，到“我要改”，到“继续改”。

“这批厂房是我们村民的‘聚宝盆’，将为村民带来持续的收益，村民今后每年都能收到一笔可观的分红，让村民的生活品质再上一个台阶。”仙塘村党委书记、村委会主任赖珠兴说，“我们村还有一些零星旧厂房和地块可以改造提升，明年希望争取更多政策支持，引入更多民间资本参与改造，使得仙塘村在高质量发展路上再创新辉煌。”

乡村“景点”一个个“翻新”

村改就像一根扁担，一头挑着高质量发展，一头挑着乡村振兴。

“村改到哪里，乡村振兴就到哪里。”赖珠兴说，借助村改，仙塘村通过推进路网改造，增建河涌节制闸、村心公园建设、新学校建设、开展基塘整治等措施，加快乡村振兴项目的落地，进一步提升乡村人居环境，让群众实实在在感受到村改带来的红利，让村民收获了看得见、摸得着的幸福感。

一幅产业兴、环境美、群众乐的乡村振兴新画卷正在仙塘村缓缓铺开。7日上午，仙塘村党委委员赖锦镇为本报记者当了一回“导游”，介绍了仙塘村乡村振兴的“新景点”。

“这里是2018年建成的仙塘文化活动中心，是村改之后建起来的，主要用于各类文化活动、赛事及村民喜庆宴席等活动的举办。”赖锦镇说。中心里正好有工作人员在忙碌地摆着桌椅，给桌子铺上红桌布，为当晚的村民婚宴做准备。

邻近仙塘文化活动中心的敬老院正在改造提升，长者们的日常活动移步到不远处由仙塘村幼儿园旧址翻新改造而成的党群活动中心举行。幼儿园搬迁后，仙塘村委将其旧址改建成一个党群活动中心，设置了村史展览室、图书阅览室、荣誉室、团活动舍、多功能室、儿童天地等。当天上午，龙江祥信社会工作服务中心在这里开展一期冬季养生膳食主题讲座，邀请中医师给长者们上课。

仙塘村党群活动中心正对着一个景观池，有围着木栅栏的亲水平台，有鲜花盛开的生态浮岛。这是仙塘村水环境治理带来的新景点。赖锦镇介绍，仙塘村对村居内的五帽涌、龙山大涌仙塘段等多条河涌进行清淤、整治河道、引入活水以及河岸修整，并沿河岸设置休闲步道、照明工程。此外，在龙山大涌仙塘段还兴建了节制闸（站），盘活河涌水，全力提升河涌水环境，改善沿岸居民生活环境。

走过仙塘桥，沿着正在封闭改造的仙塘市场前行，转角遇到一个小公园——崇德公园。改造前这里是一块闲置地，杂乱无章，而今绿草如茵，两位村民正坐在公园石阶上晒着太阳闲聊。“肯定是现在好啦，环境都靓好多！你看，对面的赖氏大宗祠正在修缮，修缮好这一片就更靓啦！”其中一位村民乐呵呵地对记者说。

除了这些新建成的“景点”，还有一批乡村振兴的“景点”正在规划建设中。如渔花组公园的改造效果图已经出炉，村里的鱼塘改造也已开始，将打造成示范养殖标杆。最令村民和周边群众期待的是正在推进建设的民办学校——顺德区翰洋双语学校。学校毗邻万洋众创城，是该项目的优质教育配套项目，将建成一所九年一贯制学校，设48个教学班，其中小学部设36个班，初中部设12个班，将于2022年建成开学。

“这两年，仙塘村发生了翻天覆地

的变化。村改、乡村振兴、人居环境整治提升我们仙塘村是一体化推进的，使得群众有幸福感、满足感。未来，我们将继续以村改为抓手，开创仙塘村的新辉煌。”赖珠兴信心满满地说。

【故事】

凌晨四点半起床上班的村改干部

在仙塘村的村改故事中，闻鸡起舞、日夜兼程、风雨无阻的村改干部必须是主角之一。来自佛山市交通运输局顺德综合执法支队的廖增资是顺德区第三批选派村改一线的干部之一。他被派驻到万洋众创城驻点工作，一边服务企业，一边通过践行群众路线，为村改项目争取企业、村民的支持。

廖增资家住容桂，距离万洋众创城一个多小时车程。都说村改干部闻鸡起舞，对于廖增资而言，有时需要起得比鸡还早，“早上五六点起床上班是常态，最早的一次是凌晨四点半起床上班。我们要赶在村民出门务农或打工前，入户向村民介绍村改项目，争取村民的理解和支持。”

正是凭着闻鸡起舞、日夜兼程、风雨无阻的奋斗精神，村改干部们把群众的“闭门羹”变成了“开口笑”。“做村民的村改思想动员，上门一次不行，我们就去两次，两次不行就三次、四次，直到村民理解、支持为止。有的村民一开始连门口都不给我们进，可谈到后面就把我们当成朋友了。这真的是我们用双脚走出来的感情。”

面对一些最初不愿意配合村改搬迁的企业主，廖增资和同事们也是想方设法做通他们的思想工作。“一次，我们与一位企业主协商搬迁事宜。我们按照约定时间去到企业，等了一个多小时，企业主才姗姗来迟。我们给他送上村改的相关资料，他看也不看，直接拒绝，然后就开车走了。”廖增资说，“后面我们想方设法，通过他的亲戚朋友约他协商，并承诺在政策范围内为他争取最大利益。多次协商后，这位企业主终于签下了搬迁协议。”

廖增资说，尽管自己参与村改一线工作时间不算长，但也深深地被村改铁军的精气神感动着，更被推动着成长和进步，“在村改一线，我看到了亲力亲为的领导，看到了干劲十足的同事，觉得自己也不能落后，要为村改尽自己的一份力。很荣幸我能成为村改干部的其中一员。”

【记者手记】

行走于仙塘村，更能深刻地领会“村改就像一根扁担，一头挑着高质量发展，一头挑着乡村振兴”这句话的含义。

万洋众创城是顺德村改的标杆项目，更是顺德的一个产业高地，代表着顺德传统制造业转型升级的方向。村民们或许不知道什么是3C制造设备，不知道什么是数字光电，但是他们清楚地知道这里将是仙塘村振兴发展的百年基业所在。

在仙塘村更能感受到村改的“神奇”。都说村改涉及的利益盘根错节，错综复杂，但改着改着，它就把不同的利益群体慢慢地“盘成”一个“同心圆”。如最初给村改干部吃“闭门羹”的村民，后来主动把村改干部视为真挚的朋友。如起初不愿搬迁的企业主，最后宁可自己吃亏一点也配合村改搬迁，为村集体利益让渡个人利益。

村改赋予仙塘村的不仅是产业动力，更是源源不断的思想动能——齐心谋高质量发展，谋乡村振兴，谋美好生活。

改出新天地　振兴新华西

龙江镇新华西村以村改为突破口，推动乡村振兴

刊于2020年12月25日，《珠江商报》，张泰银

“这个公园的建设，大家都花了不少心思，这里原来只是一面空白的墙，不怎么好看，今年墙上增添了这幅反映李家庄旧貌的画作，不仅充满了浓浓的水乡特色，留住了记忆和乡愁，也提升了文化品位。”走进龙江镇新华西村李家庄体育公园，新华西村党委委员李丽君指着文化墙上的《李家庄舆景图》，介绍起村中的变化。

如今的李家庄体育公园，建有篮球场、羽毛球场、乒乓球场、休闲健身区等场地，周边还划设了停车位，成了周边居民群众休闲健身的好去处。作为龙江镇第二个开启村改的村居，伴随着村改的推进，新华西村村集体和村民的收入增加了，人居环境等各方面也在逐步得到改善，发生了一系列喜人的变化。类似李家庄小组和李家庄体育公园的变化，未来将会越来越多。

以村改作为突破口，新华西正以绿色为主题，以村改为动力，以山水为依托，以文化为根基，以人居环境生态建设为重点，积极构建一个环境优美、宜居宜商的生态文明村居，让新华西实现乡村全面振兴。

改出效益：集体收入成倍增长

新华西宝涌工业区位于龙江家居产业制造核心带，自21世纪初投入使用以来，园区内进驻了众多传统家具企业，为龙江家居产业的发展作出了贡献。然而，随着时代发展，包括新华西宝涌工业区在内的曾经令龙江工业腾飞的村级工业园，已经成为阻碍经济高质量发展的绊脚石。

和很多村级工业园一样，宝涌工业区曾散落着不少破旧落后的厂房和产业，更有不少业主在早期以低价租到土地建起厂房、办企业赚到“第一桶金”后，把厂房转租出去，自己当“包租

公”。但村集体、村民却无法分享经济发展所带来的土地增值收益，而环保、消防等风险却越来越大，群众的投诉也越来越多。

2019年，新华西村宝涌工业区纳入龙江镇村级工业园改造规划。按照改造方案，新华西村宝涌工业区425.87亩地块由政府挂账收储再委托公开交易出让，出让后，村民将获得一次性分红4.17万元/股。

值得一提的是，通过村改，新华西村在宝涌工业区还保留了面积约为18.93万平方米的物业。这是几栋新建的、符合环保等各方面要求的高层厂房，新华西村协商收回后直接作为集体物业招租，不转为国有，也不拆除重建。部分符合条件的企业可继续留在园区，村集体收入也不用中断。

“我们简单地算一盘账，以前村集体收入一年才600多万元，村集体得到约18.93万平方米的物业，成为业主后，预计村集体收入每年将有2000多万元，实现成倍增长，村民分红自然也水涨船高。”新华西村党委书记陈江华扳着手指算起了这笔经济账。

简简单单就能算得出的实在收益，自然受到村民的支持。2019年7月31日，《新华西宝涌工业区升级改造方案》以98.9%的参与率和99.9%的同意率顺利通过华西股民表决。

作为顺德村改的典型，新华西村宝涌工业区正与仙塘村宝涌工业区一起，打造成一个连片超千亩的现代化工业园区，为龙江乃至顺德的高质量发展作出新贡献。

改出信心：期待其他园区也改

“如今，很多时候村民去喝茶聊天，村改成了一个主要话题，大家都喜欢聊一聊，称赞我们村的改造方案好。”村民李先生说，通过宝涌工业区的改造，不仅村集体收益提升了，还解决了很多历史问题。“通过村改，该拆的拆，该补偿你的，补偿你，但你欠村集体的租金，该交的，要先交。”

涉及土地改造、拍卖，村民最怕的就是“地也卖了，钱也没收到”。“我们做到公开透明，地卖了多少，钱有多少，可以分的有多少，每股有多少，全部清清晰晰列出来，通过一封信发到家家户户。”新华西村一名工作人员说，这段时间，不少村民都在建房子，村容村貌也有了大提升。

“见证过多次征地，我觉得这是最公开、公平、公正的一次，而且作为村民，村改后我们的收入提高了，村居环境也变好了。”新华西村原业主、村民何仕波说。

宝涌工业区的成功改造，也让不少新华西人坚定了信心，期待适时启动对村中其他工业园区的改造。目前，新华西村还有多个破旧的工业区，由于以前缺乏整体的规划，工厂就在村民家隔壁的情形不在少数。

不仅如此，由于厂区和住宅区混在一起，企业要出货、入货，来往货车多，装卸要占道，但是村道只有两车道，遇到上下班时间，进出村子都困难。“进也进不来，出也出不去。”村民李小姐说，“大家都很期待下一轮改造，认为只有改才有未来。”

对此，村民李润景很有感触，他表示，村改大方向是正确的，村改也是为了现在、为了下一代生活得更好，要为子孙后代着想。“希望通过村改的推动，做好新华西整体发展规划，解决历史遗留问题，让厂区归厂区、商业区归商业区、住宅区归住宅区，打造良好的生产生活秩序和环境，我也非常期待！”

改出未来：村改助推乡村振兴

村改就像一根扁担，一头挑着高质量发展，一头挑着乡村振兴。借力村改，以前杂草丛生、蚊虫孳生的李家庄体育公园及周边区域，摇身一变成了规划有序、干净整洁、环境优美的居民群众打卡点。

“这两年来真的发生了很大变化，是村改启发了我们，让大家的环境卫生意识提高了，自觉将村容村貌扮靓。”村民李润景说，在镇村的政策、资金支持和村民的共同努力下，才有了如今的体育公园，“环境很舒服，有空余时间，三五知己在这里散散步、聊聊天，非常惬意”。

近年来，新华西村在民生领域也做了不少工作，如活化利用陈岩野纪念公园的部分建筑，设置星光老人之家等；良槎村小组的居民群众自发定期集中开展废品回收活动，爱护环境理念深入人心……

如今，新华西村正通过龙江镇政府申请乡村振兴项目基金和利用村改资金，拟推动两个大的乡村振兴项目，一是以村委会为中心连片打造的新华西文化公园，二是提升整治龙山大涌华西段一河两岸景观。目前，项目招标已经完成，即将进入围蔽施工阶段。

据介绍，新华西村有18个村小组，而且相对散居，也不是每个村小组都有钱去开展环境整治，推动乡村振兴。为此，新华西村通过“以点带面”大力开展相关工作，“点”指的是乡村振兴的两个项目，“面”则是在18个村小组开展人居环境整治。

通过村改，新华西村将部分村集体资金以及政府补助资金，支持村小组开展人居环境整治，这也赢得了村民的赞成和支持。“以前村集体没钱没办法，现在有钱了，如果还不做这些工作就说不过去了，这就是我们的问题了。”新华西村党委委员李铭海说，去年至今，很多村小组环境面貌等都有了新变化，村小组间形成互相学习比拼的氛围。“村容村貌改善提升了，村民的环境意识也逐渐跟上了。”

“随着村级工业园改造的进行，乡村振兴项目的推进，新华西村将迎来蝶变。”陈江华信心满满地说。

【故事】

业主从反对到主动协助工作

村改最大的难点是如何做通业主和群众的思想工作，而在新华西宝涌工业区，最关键的是做好业主的思想工作。

“一开始，是有不少企业、业主联合反对的。记得刚开始时，有业主直接在村改沟通会上拍桌子表示不满。”村改工作人员回忆说，即便如此，村改队员们也没有气馁，而是坚持多沟通解释，将利害关系解释清楚，终于赢得了理解和认可。

改造方案投票表决当天，作为新华西村原业主代表，吴淦荣爽快地投下了同意票。从一开始对村改意见很大，到后来成为第一批签订解除协议的业主之一，还主动协助驻村工作组做村民工作，吴淦荣说，是村改队员们一次又一次耐心的沟通和解释最终打动了他。

对于群众，村改队员们同样是保持耐心，认真听他们的想法和顾虑。村民什么时候有时间，工作组就什么时候去谈。村改队员们的努力也得到了认可，在炎热的7月，有村民自发在家里煲好绿豆沙，送给村改队员们解暑；也有村民家里的黄皮熟了，特意送去村委会给工作人员品尝。

最终，改造方案以99.9%的高同意率通过。一路走来，龙江镇人大主席林定基表示，最令他感动的，是当初最难谈的业主，最终也能和他们握手合照、互相道谢。“这证明我们一线的工作人员得到了群众的信任。”

【记者手记】

大步踏上乡村振兴路

事非经过不知难。“就像一场战争，该冲锋就冲锋！我们赢了！”回忆起新华西宝涌工业区村改攻坚时，有新华西村工作人员感叹道。

的确，村改本来就是一场没有退路的战斗，是一场必须打而且必须打赢的攻坚战。新华西村也意识到了。在推进村改的过程中，新华西村秉承“一旦出发，必须到达”的村改精神，坚持走好新时代党的群众路线，凝聚了共识，改出了一片新天地。

村改让村民得到了实惠，村居民生、环境等发生的变化，也越来越看得见、摸得着、感受得到。更重要的是，通过村改，有效撬动经济社会等各方面的资源，村民们“自己的家园自己建”的意识也得到了提升，推动了乡村振兴。

抢抓新机遇，改出新天地，振兴新华西。以村改为突破口，新华西正积极构建一个环境优美、宜居宜商的生态文明村居，大步踏上乡村振兴路。

攻坚村改打开发展新格局

龙江镇坦西社区抢抓机遇迎来美丽乡村新发展

刊于2020年12月30日，《珠江商报》，何蕴瑶

低矮破旧的厂房不复存在、整治后的河涌水清岸绿、党群服务中心内文体活动丰富多彩……龙江镇坦西社区正在迎来不少变化。近年来，坦西社区通过抢抓村级工业园改造的发展机遇，优化产业结构，加快推进乡村振兴项目和人居环境整治等工作，使得社区居民的幸福感、获得感不断提高。

抢抓机遇啃下村改“硬骨头”

2021年4月，龙江动用30多台挖掘机启动拆除第二个千亩园区，这是顺德区推进村级工业园改造以来规模最大的一次连片拆除工作，而此次拆除的旧厂房就位于坦西工业区。

占地760亩的龙江坦西工业区分布着为数众多的家具厂、玻璃厂、纸厂等传统制造业，旧有的工业生产模式，以及低矮破旧的厂房，已不适应新时代的发展。“原本这个片区都是以低矮的锌铁棚顶厂房为主，可以说是杂乱无章。”原业主张庆明在坦西工业区经营家具材料企业已有10多年，得知园区要进行改造后，率先签订了解除租赁协议支持村改，他认为村改能带动提升社区的居住和投资环境，提高居民收入，为坦西带来新气象。

去年12月15日，坦西工业区升级改造方案以全体股民95.28%的同意率表决通过。啃下村改“硬骨头”，坦西工业区自此步入了产业、城乡形态的凤凰涅槃时刻。

今年3月，坦西社区陆续对旧厂房进行拆除，此外，坦西股份社与中国农业银行龙江支行签订“村改贷”协议，该笔专项扶持经费将为园区改造项目的厂房费用补偿提供金融支撑，由银行等金融机构提供贷款资金，政府提供贴息补助，实现多方共赢。

截至目前，坦西工业区已基本完成全部拆除工作，共拆除旧厂房用地约

357.64亩，拆除旧厂房建筑面积约30万平方米。龙江镇坦西社区党委书记、居委会主任张展炽透露，目前坦西已收回保留物业建筑面积约73 760.33平方米，并按相关工作要求通过集体资产交易平台进行公开招租，村集体经济收益得到了明显提高。另外，村改腾出的优质土地空间正加快出让，广东联塑科技实业有限公司、佛山市顺德区普瑞特机械制造有限公司于今年分别拍得坦西工业区地块，将投资建设数字化装备产业项目。

借助村改，坦西社区还强化党对一切工作的领导，一并推动社区解决了一批治理难题，重新塑造坦西的政治生态和秩序，提升农村党建和基层治理的能力水平，为坦西社区健康发展奠定基础。

推动乡村振兴项目“加速跑”

坚决啃下村改“硬骨头”的同时，坦西社区也在加快推动乡村振兴项目，探索走出一条特色发展之路。

2020年，坦西社区陆续推进10个乡村振兴项目，其中位于社区文化中心大楼的党史阅览室已施工完毕，此外，多个道路改造工程、贴心公园建设项目、5G智能化管理社区项目等都在稳步推进中。

在坦西党群服务中心，幼儿游乐室、社区厨房、舞蹈室等各类活动场室正在加紧装修中，根据不同年龄段居民的身心特点和需求，精心安排各类活动，丰富社区群众文化生活，也促进了社区精神文明建设。

此外，坦西社区居委会开展坦西公园景观提升工程，对原有场地进行翻新铺装，新增羽毛球场、健身设施和休息坐凳等，为周边居民提供一个休憩交流的场地。目前，超400平方米的篮球场已翻新完工，青少年公益篮球训练营、社区三人篮球赛等活动陆续开展。

作为坦西社区今年重点打造的乡村振兴项目之一，龙江大涌坦西段“一河两岸”建设工程也在加紧规划建设。该项目预算约700万元，将打造全长1300米的“一河两岸”景观改造建设项目，计划以亲水景观、滨河绿化及水上活动设施为主，沿龙江大涌打造滨水景观带，并设置7片公共开放空间，添置文体设施、两岸绿植、健身径和活动场地，打造具有岭南水乡特色的亮丽景观线。“该项目完成后，将有效提升坦西社区的生态环境及人文景观，提高居民群众的生活质量。”张展炽说。

张展炽表示，未来，坦西社区将继续大力推动各项民生项目建设，为改善居民群众的生活质量竭尽所能，真正让群众共享改革和发展的成果。

第二章

定盘
——现实决策与群众之基

1992年，《经济日报》刊登了一篇报道，题目就叫作《可怕的顺德人》。说的是顺德人敢想敢闯、敢为人先的干事创业激情。

见证顺德发展的龙江人，则凭着对市场趋势的敏感把握，抓住毗邻港澳，海外信息丰富的优势，敢拼敢试，在一个没有木材资源、没有市场、没有产业配套、本来以桑基鱼塘为主的小镇，制造出全国首套由乡镇企业生产的沙发，在40年里发展为中国家具第一镇，全国的家具之火从这里燎原。在目前国内家具业的格局中，包括江西南康、四川等家具“后生”区域里，不少领军人物都有南下考察学艺的经历。全国做家具的，五个人中必有一个龙江人之说在行业内是个共识。

从900多年前的桑园围，到半个世纪前建设甘竹滩发电站、围垦中心沟，到20世纪90年代成为中国家具业领军人物，龙江人从来“唔执输”（不认输）。攻坚克难的奋斗精神和敢为人先的创新精神，早已镌刻在龙江人的血脉中。这些源远流长的精神遗产跨越时空，历久弥新。

群力之基：甘竹滩战天斗地

从桑园围走来

创新历史是龙江发展的精神财富。

龙江自古水乡，人多地少，为更好地利用有限的资源，先辈在宋代就创造性地发明了闻名世界的“桑基鱼塘”。清代初期，龙江在桑园围内陆续修筑了十多条小围，但当时相连的各个地区还是各自修缮堤围，工程质量参差不齐，导致堤围防洪能力低下。清乾隆五十九年（1794），桑园围发生大水，决口达20多处。翰林学士龙江人温汝适站了出来，牵头组织南海、顺德大家族通修桑园围，并大胆提出采用借钱生息保障堤围岁修资金。从这时开始，桑园围作为整体性区域水利工程进行统一管理。

民国时期，在时任顺德县长、龙江人邓雄的主持修建下，南海、顺德共同完成了三座闸口的修建，让桑园围实现了真正的合围，成为一条闭合的、全面由人工控制的堤围。千百年来，桑园围变“水患”为“水利”，催生了岭南水乡最典型的桑基鱼塘业态，深刻影响了珠三角农工商业的发展乃至城镇化的格局。它是人民群众的杰作，也记录了龙江各界有为之士的担当精神，塑造了龙江人攻坚克难、开基创业的精神气质。

发扬甘竹滩精神

20世纪70年代初，建设甘竹滩洪潮发电站谱写了另一段延续桑园围精神的龙江水利史，孕育出勇于创新、敢为人先的“甘竹滩精神”和“中心沟精神”。

甘竹滩位于西江下游通向北江的一条支流入口处，40多年前，这里暗礁林立，滩水湍急，是出了名的“吃人滩”。为了化水害为水利及解决电力紧缺问题，1971年，顺德县革委会组织近万人，克服无资金、无技术、无设备等挑战，奋战三年零四个月，建成甘竹滩洪潮发电站，一举解决了防洪、发电和通航三大难题。

甘竹滩洪潮发电站兴建之初，由于所在区域西江水流呈现水头低、流量大的特点，当时传统的水轮机难以满足电站设计要求，龙江自筹资金，自主设计制造，攻克技术难题，历时半年经过十多次反复调试，最终成功建成全国第一座低水头发电站，获得1978年全国科学大会奖。最为人称道的是，在没有机器辅助的艰苦年代，甘竹滩洪潮发电站以人手围堵截流徒手开挖，1200天的日夜不息，12 000人的风雨兼程，102 000立方米的土方搬运，最终将恐怖雪涛化作平湖阔岸，为顺德输送汩汩不绝的电力源泉，为顺德从农业大县向工业大县跨越提供了强大的动力支撑。

几乎与甘竹滩洪潮发电站同一时期，龙江人还作为重要主力参与了珠海横琴中心沟的围垦。1968年珠海决定对中心沟进行围垦，但因工程艰巨，故报请佛山地委，提出与邻近兄弟县合作围垦开发。最终，顺德“接招”。1970年，来自顺德县杏坛、勒流、龙江、均安及乐从等地的3200余人远征横琴围垦，在这个当时面积只有40多平方公里的弹丸之地上，顺德人几乎没有使用任何机械，七年时间就造出了一个面积14平方公里、相当于半个澳门的陆地，缔造了现代填海工程的一个奇迹。

敢想、敢做、敢担当、敢为人先、艰苦奋斗、无私奉献、勇于创新，这些写入龙江人基因里的宝贵精神财富，成为推动龙江改革的取之不尽、用之不竭的力量源泉，不断激励着新时代的龙江人迎难而上、奋勇前行。

工作痛点：家具城发展困境

家具之城　传奇开端

1979年至1980年间，陈涌村一位年轻人黎君刚敏锐把握到人们生活逐渐有起色，对家具的需求逐步显现出来的商机，领着几位兄弟同乡，凭几把木锉、锤子、刨刀，风风火火地开办了第一家龙江村级家具厂——陈涌木器家具厂。顺德地处珠三角腹地，毗邻港澳，海外信息丰富、接收快。黎君刚及其创业伙伴们在港澳同乡那了解到，国际市场流行的是坐感偏软的“沙发”，便果断在香港、澳门买了几款沙发运回龙江，拆开研究。此外还托朋友寻找到海外的一些家具流行款式的照片、资料，寻找合适的材料、配合组装，经过一番开发尝试，终于生产出了龙江的第一张现代沙发。从此，龙江的现代软体沙发开始广受欢迎，不仅满足本地消费，还销往南北，流通到全国。当时陈涌木器家具厂还有经销店设立在广州友谊商店。当时龙江流行一种说法，“带3000块钱上街转一圈，就能开间家具厂带旺整条村”。以陈涌为中心辐射，带动了龙山、苏溪、里海、仙塘等片区的家具业发展，在20世纪80年代形成了“村村办厂，户户生产家具”的景象，颇为壮观。

20世纪90年代，龙江由于缺乏自己的展贸平台导致成本提升，敢想敢干的龙江人，启动了以打造“十里家具长廊”为目标的“登月工程”，佛山市前进家具有限公司董事长谭广照投入自有资金4000多万元、银行贷款4000多万元，在2001年建成前进汇展中心，并成功举办了首届、第二届“龙家展”。以这里为开端，龙江家具有了自己的品牌输出平台，中国家具多了一个全国性展会，广大内地城市的家具厂商多了一个观察行业方向的窗口。展贸经济的东风从家具成品延伸到了家具材料，规模迅速壮大。2005年，龙江同时获“中国家具制造重镇”和“中国家具材料之都”称号。第二年，首届亚洲家具材料展与第十一届“龙家展”同步举行，龙江从此实现“两展”联动，产品齐全，更被海内外誉为“沙发之乡”。

转型在即　痛点显现

2010年前后，家具产业随着国内制造业总体格局的变化，逐渐从注重规模向注重品牌、质量等方面转型。作为昔日“中国家具第一镇”的龙江因为自身的局限性，在激烈的市场竞争中步履维艰。

发展至今，龙江目前大概有规模以上家具企业170家左右，家具上市公司为零。巨头企业缺失的根源在于土地。根据业内人士介绍，制造业多数涉及大型的生产器械，一家产值达10亿元的家具制造企业，至少需要30万平方米的生产空间；产值到50亿元，预计需要50万平方米。只要尚未发展到全球布局生产基地的雄厚实力，对空间的需求，都比其他领域要迫切。

早在2005年龙江土地问题便开始凸显。由于大量土地掌握在早期租地的业主手里，有实力的家具企业从龙江起家，找不到土地增资扩产，只能选择外迁到隔壁九江镇或者深圳、东莞等地。“能搬走的家具厂，本身规模都不小，甚至可以认为，几乎都是大的龙江家具厂才有搬走的实力。”一位龙江家具观察人士说道。近十年选择外迁的企业包括丽星家具集团有限公司、美华家具有限公司、九龙优胜办公家具有限公司等在龙江当地颇有名气的家具企业。龙江内外销成绩单亦不太理想，产品滞销。即使在2016年粤港澳大湾区开始建设，湾区内资源流通加快，龙江有更多接收深圳、香港等地高端产业资源外溢的机会，都因为没有土地空间而错失机遇。

而在龙江家具发展遇到困境的时候，九江所在的南海区的家具业，新的家具大厂纷纷崛起。被称作南海“三剑客”的联邦、林氏木业以及维尚家具近十年更是从佛山走出去，成为全国家具业内颇有影响力的行业新领袖。林氏木业2014年“双十一”当天销售额达到6.1亿元。据龙江经发办提供的数据，2014年，龙江家具产值过亿的家具企业仅有8家。林氏木业光是一天的销售值就已经是龙江过半大型家具企业的年产值总和。

另一个困境是由于龙江家具制造业大多是由以前的家庭作坊式企业发展起来的，存在分散、小型、粗放、落后等弊端。顺德家具协会提供的数据显示，2015年龙江工商登记注册有3800多家家具企业，实际运营有2800家，产值仅有200亿元，大多属于小微型家具企业。这些小微型企业占用了70%

村改释放的空间优先供地给优质龙头家具企业，支持企业增资扩产。图为龙江镇家具“两展”期间，展馆周边车水马龙的景象

的工业土地，却仅贡献27%的工业产值。原因是多数土生土长的家具企业主，依靠村集体的土地已经有稳定的租金收入和物业租赁。长达十几二十年的稳定租金，本身已经可以解决温饱，家具生意则是“锦上添花”，小富则安。

龙江镇镇长孙春刚在接受《观点佛山》节目组专访期间坦言，本土家具企业过往对做大做强的意愿，确实不强，既受到土地空间的限制，也有自身动力不足的原因。“没有恒厂就没有恒心了，租一个小厂房，一年几百万到一千万产值，非常轻松。但未来再发展的话，没有一个长期的准备，你是解决不了小升规以后的发展问题的。”缺少规模企业，整体的品牌影响力也不成气候。

小企业带来的另一个问题是量多容易质次，业内人士称龙江家具为“大路货”，即技术含量低的产品。由于低水平、低门槛，一些不具备开工资质的个体私营企业纷纷涉足家具行业，导致家具质量及产业失控。在龙江镇及周边，聚集的大多是作坊式家具企业，生产条件极其简单落后，厂区弥漫着刺鼻的气味，使人眼泪、喷嚏不断。这些作坊式家具厂大多是购进劣质中纤板进行家具加工生产，基本上没有任何家具质量检测设备，无论是从市场上购买的家具材料，还是生产的家具出厂均没有质量把关检验。从2011年到2015年，顺德木家具国家和省级抽查平均不合格发现率分别高达53.8%和21.8%；儿童家具抽查平均不合格发现率分别高达50%和33.3%，远低于国家和省的质量平均水平，也严重拉低了广东省木家具和儿童家具在全国范围的质量合格率，从质量数据上可以看出顺德家具产业出现的“质量危机”。

中小企业不仅产能落后，存在安全生产隐患，环境污染也高度集中，生态环境接近忍耐极限。

“我早就看着不顺眼了，低矮破旧，时而出事故、发生火灾，时而冒臭气……严重影响了村民的健康生活和对美好居住环境的向往。”龙江镇新华西村党委书记陈江华深有感触地说。

以家具、塑材为代表的劳动密集型产业快速发展，在给龙江经济社会带来巨大改变的同时，也大大改变了龙江原有的岭南水乡环境。大量外来劳动人口涌入，城镇的人口规模极速攀升。为了满足经济发展和容纳大量新增城镇人口的用地需求，小城镇在缺乏合理规划统筹的情况下，混乱无序地扩张建设空间，造成了山体环境被破坏、山体被周边建筑群“淹没”、山边界面被围堵、自然水体被严重污染、传统村落遭受破坏等一系列环境问题。居民在村集体用地上建设了大量低质且杂乱无章的厂房，建筑用地效率很低，且侵占了大量的自然水面和临山界面，使得城镇生态景观系统调整陷入了被动。小城镇原有的生态景观格局被打破，山水村和谐共存的景象只存在于城镇边缘地区，城镇中心区已难觅踪迹。

为民谋福：一盘棋统筹破局

小微企业在村级工业园中低效发展，规上企业则将产能转移到外地，这两个问题实际上是同一个，即服务于产业高质量发展的空间不足。它们的突破口也是同一个，即村级工业园改造。

20世纪80年代是向农业要地做工业，现在是原来的工业落后了，需要把落后的产能置换出去，把土地腾出来装更好的企业。骨子里流淌着甘竹滩精神和中心沟精神的龙江人，从来都是敢想敢拼、迎难而上。带着这样的精神前行，任何危机都可能是转机。

2018年以来，顺德将村级工业园改造作为全区“头号工程”，龙江紧紧抓住这个让包括家具在内的各产业再次提档升级的重大机遇，在全区十个镇街中，龙江的村级工业园改造成绩是最为突出的之一。2020年，龙江镇拆除整理土地10 497.97亩，改造任务完成率达243%，成为全区首个年度改造超万亩的镇街，大破大立，为高质量发展腾出空间，吸引了各地的优质企业慕名而来，为龙江的未来新发展创造了无限的可能。

传统家具业换新颜

随着龙江万亩村级工业园土地整改，土地空间进一步“盘活”，优质的家具企业等到了20年来，最能满足其发展需求的时代。

“目前我们定向为家具产业准备的土地已近400亩，意向投资的企业十分踊跃。”龙江镇相关负责人说。推出工业企业发展的地块中，提供给家具企业的地块数量最多，重点倾斜，目前一个地块大约有五家家具企业有意向，体现了本地企业再发展的热情。

2021年1月中旬，广东国为公共家具有限公司顺利摘牌龙江镇大坝工业园的37.05亩地块，宣布将投资1.85亿元打造现代化智能家具产业基地，建成投产后年产值将超2.2亿元。相关挂牌资料显示，该地块在出让时明确以家具制造业作为主导产业。作为首个落户村改地块的家具项目，这是龙江为企业发展腾出空间的一个缩影。

家具是传统产业，但并非落后产业，对于这一点龙江有清晰的认知。“龙江家具”这块招牌继续做强，无论对龙江还是对整个中国家具产业来说，都是值得的。

2021年3月16日，第40届国际龙家具展览会、第30届亚洲国际家具材料博览会展会上，龙江镇政府推出了“家具产业振兴十条”和“扶强十条”计划，包括建设泛家居创新中心、打造十大品牌家具企业、实施家具企业股改上市工程、打造会展商圈等，瞄准打造千亿家具产业集群、全球高端家具产业中心的目标，努力争创全国家具产业集群高质量发展的标杆，争创推动传统产业转型升级的标杆。

其中“家具产业振兴十条”中的家具企业股改上市工程备受企业关注。在开幕式现场，聚集包括精一家具、爱米高家具、虹桥家具、美梦思科技等十余家有意利用资本市场，计划股改上市的企业，这些企业共同成立了“家具企业上市联盟”。通过借鉴学习、创新提升，提高利用资本市场的能力和水平，强化龙江上市企业集群优势和品牌优势。

佛山市精一家具有限公司董事长朱政臣说，自己十多年前从深圳来到龙

支持家具龙头企业升级和股改上市，出台龙江“家具产业振兴十条”和“扶强十条”

江创业，就是看中了龙江的家具产业环境，在整个珠三角乃至全国来说都是非常完备的。“龙江为什么没有出现家具的上市公司？发展的过程中没有发展的空间，实际上大家心里头都憋着一口气。但是随着‘家具产业振兴十条’出来以后，大家有信心。我们也计划用五年时间，成为一个A股的上市公司。”

顺德家协品牌联盟主席、韦富家具董事长张伟明的父亲30多年前就在龙江做家具，他是看着父亲的发展而一路成长，深深感到龙江家具有今天的成绩很不容易。张伟明说，自己作为新一代家具人，又负责品牌联盟的工作，希望能推动龙江家具企业更加团结在一起，让龙江家具享誉全球。

市场内生的热情在释放，政府的支持又加了一把力。以村改撬动区域全面高质量发展，把“家具振兴”作为未来几年推进的“四大振兴”重点工作之一。龙江还将通过设计赋能家具制造企业，打造泛家居综合创新平台，加大人才对家具产业的支撑，并鼓励家具企业向智能家居、数字化市场拓展布

2021年5月13日，广东雄辉绿色建材中心在龙江集北工业区启动建设

局，实现家具产业从“制造”到“智造”的转型，推动龙江家具产业高质量发展。在精确破解家具企业发展瓶颈的同时，也将引爆龙江新的发展浪潮。这场大浪潮将投射到更远的地方，唤醒其他非家具业界的龙江企业“奔向更远的远方”。

百亿级项目扎堆入驻

“努力把龙江打造成为顺德的产业大镇、经济大镇，把龙江建设成顺德西部的重大产业平台，建设成顺德辐射珠江西岸、粤西地区的重要节点。”参加佛山市顺德区第十六届人民代表大会第六次会议的龙江镇镇长孙春刚在接受记者采访时表达了龙江人民雄心勃勃的展望。

破，破除旧事物，立，建立新事物，大破而后大立，喻示新生。加快破掉村级工业园“旧世界”，稳步建立现代产业园“新世界”，2020年起，百亿级项目呈扎堆之势入驻龙江。

2020年7月9日，来自浙江宁波的海天集团与顺德区政府签约，海天高端智能装备生态产业基地落户龙江镇超20平方公里现代产业集聚区。海天集团创建于1966年，是资产规模超200亿元的大型跨国公司。海天计划总投资100亿元，建设占地500亩，将建设成集智能智造、机器人及自动化、塑机业务、数控车床及加工中心于一体的海天华南研发生产基地。其中，项目计划首期总投资约50亿元，规划总建设面积超39万平方米，除建设形成海天高端装备智能制造基地外，还将吸引高端装备智能制造产业链工业链企业集聚，打造形成辐射区域的高端成型装备智造产业园，建成综合性区域华南总部。

谈及海天集团选择落户顺德的原因，海天塑机集团有限公司总裁、海天集团执行董事张剑峰用“非常安心、放心”形容。他说顺德位于粤港澳大湾区，村级工业园改造仅用三年就腾出10万亩土地空间，产业发展空间巨大。而且顺德制造业的产业链配套非常完善。对于一般的工业制造，基本能

顺德区主要领导到海天项目现场调研，推动项目落地投产

抓住海天项目落户的契机，吸引一批高端装备智能制造产业链企业集聚

实现“五公里范围内”配套，与海天集团产业发展需求非常吻合。但最重要的原因，还是龙江镇政府的行政规范化程度和行政效率。7月初项目落户顺德签约仪式启动后，镇主要领导带队主动前往浙江海天集团拜访，听取项目方在土地回填、空间拓展、配套管网建设等方面的需求，现场即时提出解决方案，为企业成立后以最快的速度开展后续的事项办理提供保障。在上级党委、政府及各部门的全力支持和各方的共同努力下，该项目从2020年7月9日签订落地协议，到10月9日顺利出让，只用了三个月时间，再次跑出了龙江村改加速度。

2020年12月29日上午，顺德龙江（万洋）数字装备产业园三期动工仪式在顺德区龙江镇举行。这个龙江全力打造的符合新发展理念、产城人文融合发展的现代化产业园区，是粤港澳大湾区内少有的超20平方公里龙江数字产业城的桥头堡。规划用地约446亩，建筑面积约82万平方米。园区将以顺德建设新时代广东贯彻落实新发展理念的实验区为契机，以集聚发展、高质量发展为引领，主要围绕3C制造设备、自动化装备、精密零件加工、数字光电、智能家居和汽车零部件等产业大力发展数字化装备产业。

建设园区的目的是以优质的产业载体、优越的投资环境以及优惠的投资政策，吸引一批综合实力强、附加值高的企业到龙江镇投资兴业，加快传统产业转型升级，积极招引战略性新兴产业企业，实现互促互赢。现场还有多家银行代表上台举行授信仪式。万洋集团利用公司信用提供过渡性担保，引入大型专业金融机构，实现中小微企业享受集团信用等级金融服务，为解决中小企业用地难、建设难、融资难问题提供了可复制、可推广的模式。

2021年5月24日，又一个村改重大项目在龙江落地建设。联塑集团数字化智能工厂在龙江镇大坝工业园启动项目建设，这是中国联塑集团参与龙江村改后启动的首个项目。

联塑集团作为顺德本土龙头企业，积极抢抓村改机遇，利用村改腾出的空间增资扩产，牵头打造总投资额超百亿元的顺德龙江先进材料产业园项目。联塑集团执行董事兼副总裁赖志强介绍：“之前我们在龙江涌口试点建设智能化生产线，获得很好的效果。如今我们要全面铺开，在各个生产基地

2021年5月24日，联塑集团数字化智能工厂奠基仪式

联塑集团数字化智能工厂效果图

打造信息化、数字化、智能化工厂，可节省80%人力，效率却提升20%。龙江这个项目预计一年内建成，希望为顺德经济高质量发展、增加就业作出应有贡献。”政府则围绕企业发展需求，通过村改腾挪出来的空间优先保障本地企业发展用地，并做好配套基础设施建设，与企业肩并肩，政企同心、同频共振，把龙江打造成产业大镇、千亿大镇。

2021年6月21日，广州弘亚数控机械股份有限公司成功竞得龙江190亩地块，将首期投资20亿元打造华南智能家具装备数字化生产、销售总部。这是继海天高端智能装备项目落户后的又一优质装备制造项目。弘亚数控总部位于广州，是超百亿市值的深交所上市企业，主要从事数控家具生产装备及智能化加工中心、自动化成套生产线的研发、生产与销售，拥有完整的家具机械产业链，是行业内的“隐形冠军”。弘亚数控当天竞得的地块为其首期项目用地。该基地主要用于建设具备国际领先技术水平和竞争力的五轴加工中心、自动化柔性木门和木窗等智能化生产线，未来将进一步增资扩能布局，打造高端木工装备产业集聚区，为顺德家具行业的自动化转型升级提供广阔的合作空间和有力的技术支撑。

重塑现代乡村版图

“村改到哪里，乡村振兴就到哪里。”

借势村级工业园改造搭起的大舞台，对乡村版图拆解再重塑。龙江人用好龙江“三山两水”资源，做好国土空间规划修编，打造产业、城市、文旅的“一城三片区”空间格局。“一城三片区”整个片区里面有产业，有城市建设，有生态文旅，通过产业的发展，带动整个城市和生态文旅的发展，实现三个片区的融合发展。

在以龙江朝阳万亩数字装备产业城和龙江大坝万亩新材料产业城为核心的超20平方公里现代产业集聚区，龙江将社区建设融入园区建设当中，引进科技型产业的同时，留足教育、医疗、文化等公共配套空间，突出人文生态共融、智慧共享元素，走出现代工业城镇发展新路径。如建设龙江西路，畅通园区道路网络；新建污水处理厂，高标准完善污水管网、地下综合管线等市政基础设施建设；加紧建设学校，同步推进其他生活配套设施优化提升；大力支持乡村振兴，推动产业园区与原有村庄、自然环境、人文资源融合提升，打造符合新发展理念的现代产业集聚区发展软环境。

由于里海片区拥有珍贵的山水资源，山水相间，还有大片的基本农田保护区，更拥有左滩等美丽村居，自然资源禀赋良好，人文积淀深厚，环境优越，交通便利。龙江利用这里丰富的山水生态资源优势，打造里海生态公园，与龙江中心区城市设计相呼应，凸显里海片区深厚文化底蕴。在满足产业升级转型的需要同时，用心做好“工改公园”，满足人民群众对美好生活的向往。

为推动村改带动农改，加大乡村振兴支持力度，在每个完成村改方案表决的村居，龙江镇委、镇政府都支持不少于2000万元的乡村振兴与高质量发展扶持资金，总投资约2.08亿元落实173个乡村振兴项目。强化群众“自己家园自己建”的能动意识，营造共建共享的良好氛围。成立乡村振兴智囊团，为龙江乡村振兴出谋划策。与省农科院在万安村合作共建乡村振兴文旅项目，打造“文旅+现代农业+科普”的融合发展新模式。陈涌、苏溪、左滩、仙塘等村（社区）结合自身特色，积极打造乡村振兴示范项目。

新城区开发建设全面启动，中心城区控制性详细规划已获市政府同意实施。三座人行天桥和四条道路建设已经完成，还治理了水浸黑点，修建甘竹滩广场、龙江历史文化展览馆等系列场馆，修葺公园，完成66公里的污水管网建设任务。推进“河湖清四乱”行动，清拆龙江大涌、龙山大涌周边违章建筑物近4.5万平方米。实施“厕所革命”，切实增加群众的幸福感和获得感。

“村改是龙江的重大历史机遇，我们将按照区委、区政府的决策部署，坚定不移推动村级工业园改造，用足用好省、市、区关于村改的政策红利，实现产业大提升、环境大改善、社会大发展、人民群众生活水平大提高，全力打造龙江镇产城人文融合发展新格局。”龙江镇委、镇政府带领着龙江人，正雄心壮志，笔耕不辍，书写龙江村改“下半篇文章”。

2021年3月28日，龙江镇委、镇政府为每个完成村改的村（社区）颁发不少于2000万元的乡村振兴与高质量发展扶持资金

“溯源”顺德村改：从千年桑园围到战天斗地甘竹滩

发布于2021年1月1日，南方+，熊程

2021年1月1日，新年第一天。寒冷天气里，佛山顺德龙江（万洋）数字装备产业园里是一番热火朝天的建设景象。几天前园区三期正式动工，每个人都想尽快将这座总投资超百亿的千亩现代产业园建成，彻底告别曾经的落后村级工业园。

村级工业园不合时宜，就改；改起来很困难，就想办法改——这种“敢教日月换新天”的精神，早已刻在了顺德人的基因里。几天前，在距离园区约10公里的西江边，一场纪念活动回顾了半个世纪前顺德人战天斗地建造甘竹滩发电站、赴横琴围垦中心沟的峥嵘历程，开放了世界灌溉工程遗产桑园围的历史展示馆。

这是一段延绵千年、敢于打破环境束缚、善于追求美好生活的奋战史，也是一段顺德精神的传承与升华历程。

“因为顺德人够厉害，所以上级要求我们去”

西江、北江在珠三角地区汇流入海，人类活动推动三角洲平原范围逐渐扩大。从田园到产业园，“沧海变桑田”的故事不断涌现。

顺德龙江、勒流等地深度参与开发的桑园围，是珠江三角洲地区最具代表性的基围灌溉工程形式，建设、维护持续近千年，至今仍保障着6万余亩农田的灌溉供水和防洪排涝安全。2020年12月8日，国际灌排委员会（ICID）第71届执行理事会宣布，桑园围入选世界灌溉工程遗产。12月28日，占地约500平方米的桑园围与龙江水利历史展示馆在龙江镇甘竹滩对外开放。

龙江镇选择将桑园围的展示馆建在甘竹滩，因为这里有另一段顺德举全区之力化水害为水利的历史。

甘竹滩位于西江下游通向北江的一条支流入口处，滩口狭窄，它既受西江和北江洪水的影响，又受到潮汐、滩底石脉、暗礁的影响，早年曾被称为“老虎滩”“吃人滩”。1971年1月1日，原顺德县革委会集中10个公社、2个镇青年民兵，累计参与近万人，用了三年零四个月的时间，建造了我国首座微水头发电站——甘竹滩洪潮发电站。

在佛山市政协原副主席、原甘竹滩工程指挥部副总指挥欧阳洪看来，从曾经的“老虎滩”变成水电站，当年的甘竹滩工程吸引了海内外关注，还凭借多项科技创新在1978年获全国科学大会奖状，是顺德人敢为人先的精神体现。

与建设甘竹滩发电站在同一时期进行的，还有珠海横琴的中心沟围垦。珠海在1968年决定对中心沟进行围垦，但因工程艰巨，故报请佛山地委，提出与邻近兄弟县合作围垦开发。最终，顺德“接招”。

1970年，顺德从龙江、勒流等地派出3800多名民兵，历经三天三夜上岛参与围垦。缺乏现代机械设备，许多工作都要靠肩挑手提。持续两千多个日夜的艰难围垦中，有5名顺德围垦战士牺牲。“因为顺德人够厉害，所以上级要求我们去围垦中心沟。”广州市原市长、原顺德中心沟围垦工程总指挥、龙江乡贤黎子流深情回忆。

在2020年12月28日的甘竹滩洪潮发电站和中心沟围垦五十周年纪念活动上，几十名当年参与甘竹滩、中心沟工程的老兵汇聚一堂，由顺德区相关部门与龙江镇向其颁发纪念品，场面令人感动。

既要敢想敢干，更要党建引领

从千年桑园围到甘竹滩、中心沟，乃至如今的村改，不只是一系列的历史事件，而更是精神的传承与升华。

仅仅敢想敢干是不够的，把各方面力量组织和发动起来，是工程成功的关键。1794年，龙江籍进士温汝适见堤围修筑的各大家族各自为政，堤围规模大小不一，工程质量参差不齐，导致堤围防洪能力低下，遂牵头倡议通修桑园围，后由成立的桑园围总局着手。由此，桑园围开始成为整体性区域水利工程。

“开拓创新、自力更生的甘竹滩洪潮发电站精神，以及战天斗地、艰苦创业的横琴中心沟围海造田精神，这是顺德历史留给我们的宝贵精神财富，也是推动实验区建设取之不尽用之不竭的力量源泉。”近日举行的顺德区委十三届十次全会重点提及的历史上三大力量源泉中，甘竹滩、中心沟就占了两项。

跟桑园围主要依靠大家族之间的组织力量相比，甘竹滩与中心沟的建设中，有了一种新的力量，那就是党组织。当时，顺德10个公社的党委副书记常年驻扎在一线，负责后勤保障和安全生产。“尽管工作很苦，但大家没有太多其他想法，都是一心听党指挥，指哪打哪。”曾担任甘竹滩项目总指挥的叶胜军回忆道。

中心沟也是如此。虽然没有甘竹滩的近万人规模，但是3000多民兵到了外地，如何拧成一股绳？在当时的工地上，每次出现险情，冲在最前面的通常是共产党员。“当年我近40岁了，但在挖泥的工地上，我凿出的泥要比他们后生仔凿出的更大、更多，不然谁服你这个‘总指挥’？”黎子流说。

如今，在村级工业园改造攻坚战中，党建引领被明确提到了首要位置。从区委首先决定将其列为全区“头号工程”，到十大镇街书记公开立下“军令状”、建立“一把手”负总责的机制，再到全体干部用心、用情、用脚走好新时代的群众路线，村级工业园改造坚持以人民为中心。近三年来，累计改造面积已超9万亩。

跨过复杂的2020年，进入充满希望的2021年，顺德开启了奋力建设贯彻新发展理念、推动高质量发展示范区的新征程。立足新发展阶段、贯彻新发展理念、构建新发展格局，顺德精神历久弥新。

腾出空间 拆建并举创未来

龙江为顺德首个实现“万亩奔腾”的镇街，村改已累计完成土地整理拆除15 480.06亩

刊于2020年12月14日，《珠江商报》，王茂浪 叶芝婷 何蕴瑶

破旧厂房加紧清拆、优质项目陆续进驻、乡村振兴加快推进……在今年9月率先实现村改“万亩奔腾”的龙江镇，村改工作正继续加速前进，呈现出一派生机勃勃的景象。从先行先试、“万亩奔腾”，到率先落实“四定”建设现代化园区，龙江镇坚定“一旦出发，必须到达”的信念，腾出了产业新空间，蹚出了发展新路子。

为顺德首个年度改造超万亩的镇街

今年9月11日，龙江镇旺岗、排沙、左滩三个村居的村改方案表决同时开票，并均以高同意率通过表决。至此，龙江2020年累计拆除整理土地10 236.86亩，年度改造任务完成率达237%，实现“万亩奔腾”的村改目标。

这是顺德首个村改年度改造面积逾万亩的镇街。改造后，三个工业区将一举破除原先低矮破旧、产出低的现状，建成家具智造基地、田园体验型万亩公园。而且三个村居的村民均同意改造的现金收益不作量化分配，留作发展集体经济，将有力推动乡村振兴。通过村改，左滩、排沙、旺岗每年的租金收入将分别是原来的1.8倍、7.9倍、2倍，未来分期可获得10万、56万、100万平方米的现代化厂房。“村改干部跟我们充分讲解后，我们都很理解，确实不能只盯着眼前利益，而要算好长远经济账。”旺岗村村民冯桂光说。

到目前为止，龙江镇今年已有11个村改项目先后通过表决，且同意率节节攀升。优异成绩单的背后，是龙江村改干部坚持用心用情走好群众路线。村改方案表决前，龙江村改铁军反复上门与股民、业主沟通，做通他们的思想工作；投票表决当天，村改干部往大街小

巷、群众家里，为股民送上一张张表决票并深化村改方案的宣传。即使到了村改方案表决后，驻村领导和村党组织书记还会再次登门拜访、感谢支持村改的业主，并聆听他们对接下来发展的意见。

自村改开展以来，龙江镇已累计完成土地整理拆除15 480.06亩。在实现“万亩奔腾”的目标后，龙江大踏步迈向了大规模“拆建并举”的新阶段。9月28日，龙江开展村级工业园改造集中拆除行动，动用100多台工程机械于5个工业区同时作业。当日共拆除集北、坦西、东涌三个村居旧厂房达463.8亩。

加速建设现代产业和经济大镇

以村级工业园改造为突破口，龙江镇加快传统产业转型升级进程，大手笔规划了超20平方公里的现代产业集聚区，一批智能家居、智能装备等战略新兴产业项目正加速落地。

位于超20平方公里龙江数字产业城范围内的顺德（龙江）数字装备园已签约55家优质企业，已有企业投产。海天高端智能装备生态产业基地项目落户龙江，总投资100亿元人民币，预计年产值达150亿元。龙头企业联塑集团积极增资扩产，首期拟投资42亿元推进新材料项目。

此外，9月24日，佛山市顺德区普瑞特机械制造有限公司顺利摘牌龙江镇大坝工业园一地块，将投资2.2亿元打造数字化智能环保涂饰生产线装备生产基地。这是继海天高端智能装备生态产业基地暨海天华南总部项目、广东联塑科技实业有限公司农业高端装备集成系统项目后，落户龙江的第三个数字化装备产业项目。“村改腾出的优质工业用地，正好符合我们扩大生产的需要，加上龙江镇政府贴心的服务，坚定了我们投资龙江的信心。”普瑞特机械总经理付秋霞表示。

与此同时，作为家具制造重镇的龙江坚持不懈推动传统产业转型升级，利用村改腾出的空间优势反哺家具产业。龙江将改造三联工业区，打造约2400亩龙江家具智造基地；涌口工业区将建设占地面积约105亩的现代智能家具产业园，为家具企业增资扩产提供广阔的空间载体。

以超大项目为战略驱动，龙江利用村改腾出来的连片发展空间，重点谋划建设面向未来的现代主题产业园，大力推动产业优化升级，奋力书写好村改的“后半篇文章”。据悉，龙江今年已累计出让产业用地1100多亩，多个投资额均超亿元的优质项目将相继落地。

以村改推动城乡融合大振兴

11月24日，位于龙江镇仙塘村的佛山市顺德区翰洋双语学校正式奠基，这所仙塘及周边区域市民期盼已久的新学校，将提供2200个学位，为其临近的村改重点项目——顺德（龙江）数字装备园提供优质教育配套，也为龙江招商引资提供更好的保障。

在推进村改总攻的同时，龙江全力推动乡村振兴项目落地，带动乡村基础设施、公共服务、产业发展、社会治理与城市深度融合。在每个完成村改方案表决的村居，龙江镇委、镇政府都支持不少于2000万元的乡村振兴与高质量发展扶持资金，除支持村居人居环境、配套设施、乡风民风等多方面都要有质的提升，还支持路网、学校、管网建设等，以满足园区日后配套需求，让群众感受到村改带来的红利。

率先启动村改的仙塘村就是一个很好的例子。目前仙塘村内基础设施建设、公共服务完善等已经迎来了不少变化。除了翰洋双语学校，龙江还将在园区内全力推动龙江西路建设等，把仙塘村建设成村改、农村党建、乡村振兴示范村。

当前，龙江也把教育与村改一样作为“一把手工程”，努力补齐发展短板，优化教育资源均衡配置，加强校舍基础设施建设，促进教育高质量发展。龙江全面启动了中小学校舍扩容提质三年攻坚行动，利用三年时间统筹投入15亿元新建、重建、扩建、改造16间学校，推进小区配套幼儿园建设；连续三年每年投入1000万元用于奖教奖学。龙江镇党委副书记、镇长孙春刚指出，龙江未来的发展有非常大的产业空间，将吸引越来越多人才走进龙江，龙江镇委、镇政府将为龙江的人才培养、企业发展提供优质的教育资源和服务，为龙江产业发展提供强大的人才支撑，也为龙江村改引进、留住人才创造良好的环境。

先锋龙江：手握“施工图”，跃向千亿大镇

顺德村改决战看镇街

发布于2021年2月25日，南方+，熊程

春节刚过，佛山顺德的天气就像夏天一样火热。在顺德区龙江镇的村级工业园改造一线，“铁军”心中的热情比外面的气温还要高。上千名村改干部正撸起袖子，向该镇最后的村级工业园发起决战。

“力争3月底前完成全部项目表决、5月底前完成应拆尽拆，提前两个月完成任务，让破旧落后的村级工业园彻底退出龙江历史舞台！”龙江镇党委书记甘志宇说。春节前，龙江已连续高票通过3个村改项目。对于剩下的10个村居16个村改项目，龙江正倾全镇之力推进。

村改是顺德发展历程中的一次重大机遇，对曾经在区内排名不算靠前的龙江来说尤其如此。从2018年顺德将村改定为“头号工程”以来，龙江就一直是全区的先锋，去年更率先实现了年内改造超1万亩的“万亩奔腾”，引进全区6个百亿级项目中的3个，推动省市区共建顺德高端装备产业基地。

面向“十四五”的新征程，龙江产业大镇、经济大镇的“施工蓝图”已经绘就，加快产业振兴、家具振兴、乡村振兴、教育振兴以及城镇品质的大提升，大踏步跃向千亿大镇。随着村改决战的提速，新的龙江也在加速崛起。

士气越高涨，村民越支持，改造越高效

2月25日，龙江镇新华西村，一支约130人的村改干部队伍正在分别对村内的华西工业区（二期）、新龙工业区进行紧锣密鼓的工作。政策宣传、业主沟通、宗地测量、制定评估方案、签订协议……一系列的工作比往常的节奏更加紧张。

作为龙江较早以群众路线推进村改的村，新华西又一次铆足了劲。这支

130人的村改铁军，不仅有新华西村本身的干部、网格员，还有区、镇部门下派的干部，以及其他已经完成改造的村居干部前来支援。

其他9个正在改造的村居也是一样，集中了全镇的“优势兵力”，全力出击。“总攻就要有总攻的气势！”甘志宇表示，全镇目前正在一线的村改铁军达到约1000人，10个村居每个约100个。“要按照市委、区委决策部署，在最后的村改决战中发挥龙江村改铁军精神，一马当先、全面完成任务。”他说。

气势足，因为底气足。通过过去近三年的宣传推进，许多群众、业主在了解到自己的村居将启动改造时，都已经意识到这是大势所趋。在相关工作的推进上，龙江镇委、镇政府建立起了更加高效的体制机制。

“村改肯定是有难度的，解决困难的关键是脑袋、是人，一定要有创新的思维、担当的精神。”甘志宇说，只要不违法违规并且有利于群众利益的做法，无论之前有无先例，都鼓励一线干部们去探索。

一方面，龙江宣布将对少数涉嫌违法违规而不愿协议搬离的企业进行强制拆除；另一方面，龙江更积极合法合理解决村集体、村民、原租户和搬迁企业的困难。针对村居改造的前期土地整理成本，龙江为村集体拓宽融资渠道。对于未达到基本开发条件的村改地块，村集体因全面拆除厂房导致租金收入减少，镇政府也拟出台政策予以支持。

村改让龙江群众看到了更多、更大的长远利益。相当一部分村居主动提出，收益不再“分光吃光”，甚至完全不作一次性的量化分配，而是100%投入村集体建设中。“这种现象是影响深远的，将更加有利于村集体经济的可持续发展，更加有利于城乡高质量发展建设，让群众生活更加美好。”甘志宇说。

士气越高涨，村民越支持，改造越高效，这样的良性循环正在龙江形成。截至目前，龙江镇今年的“应改尽改”任务完成837.43亩，完成率29.9%；“应拆尽拆”任务完成423亩，完成率17.4%。同时，龙江村改方案的表决同意率节节攀升，基本在98%以上，多个村改项目达到100%。

打好产业“下半场”，剑指“国内顶级、世界一流”

“辛苦了加班加点的兄弟姐妹们，早安顺德！”2月25日凌晨1时多，顺德

（龙江）数字装备产业园总经理周祖泰在微信朋友圈发出感慨。当天连续10家制造业企业到访，园区工作人员直到深夜还在洽谈进驻事宜。

作为去年顺德6个、龙江3个百亿级项目之一，顺德（龙江）数字装备产业园招商的火热，代表了龙江乃至顺德村改“下半篇”的火热。

产业与企业，是村改“下半篇”的关键词。拆除整理旧园区之后，超20平方公里的龙江数字产业城横空出世，一批批高标准的新型现代化园区正在拔地而起；少部分低端落后产能消失后，更多手握技术、资金的高质量企业与项目纷纷涌入。“有的地块同时吸引好几家企业关注，让我们的招商更加主动。”甘志宇透露，近期龙江在谈及谈成的产业用地面积已超过1000亩，涉及现代物流、装备制造、现代家具等多个领域。

根据龙江镇的产业大镇、经济大镇“施工蓝图”，该镇将以村级工业园改造为契机，持续深入实施“四大振兴、一大提升”，即产业振兴、家具振兴、乡村振兴、教育振兴以及加快城镇品质的大提升、立标杆。如果以产业发展的视角来看，乡村与教育的振兴、城乡品质的提升，都是产业高质量发展的一流催化剂。

在产业上，龙江正一方面实施家具产业振兴计划，将一部分村改地块优先供应家具企业，支持家具龙头企业股改上市，鼓励家具企业向智能化、数字化发展；另一方面借助重大平台和龙头项目培育发展产业集群，以联塑先进材料项目为龙头打造百亿级先进材料产业园，以海天项目落户为契机吸引一批高端装备智能制造产业链企业集聚，还积极打造生命科学产业基地这个新兴的产业增长极。

去年，省工信厅与佛山市、顺德区三级共建顺德高端装备产业基地，获得省的大力支持。“龙江有发展空间、有产业基础，省市区都从中看到了前景并加大支持力度。这个基地未来要代表全区乃至全省的水平，力争达到国内顶级、世界一流。”甘志宇信心满满。

即将到来的3月里，龙江不仅几乎每周都有村居开展项目表决，而且海天华南产业基地、联塑新材料产业基地这两大百亿级项目也计划正式动工。“各个企业都已经迫不及待，我们镇委、镇政府则全力配合、做好服务。”甘志宇说。

按照计划，龙江作为今天的村改标杆，将要在“十四五”期间打造制造业创新发展的标杆、传统产业转型升级的标杆、村改引领乡村振兴的标杆、推动教育高质量发展的标杆、推动城乡融合高质量发展的标杆——这不是未来的畅想，而是一张清晰可见的“施工蓝图”，存在于龙江村改人当下的心中。

乘势而上决战村改　重塑城乡全新格局

龙江镇5月30日前将完成村改“应拆尽拆”，奋力夺取村改总攻全面胜利

刊于2021年2月25日，《珠江商报》，黄琨　何蕴瑶

昨日，在龙江镇新华西村委会内，不少身穿橙色马甲的龙江村改干部正在向前来咨询了解村改方案的群众认真讲解，现场气氛热烈。另一边，镇村改办工作人员到村居现场办公，正在村委会办公室内赶制村改项目相关合同方案，助力村改总攻加速推进。

新华西村的景象只是龙江决战村改的一个缩影。当前，龙江的村改总攻决战已经全面打响。昨日下午，龙江镇党委书记甘志宇在新华西村改一线“战场”接受媒体采访，讲述新一年龙江决战村改的工作计划和部署，强调龙江将乘势而上，一马当先，提前完成村改总攻任务，奋力夺取村改总攻全面胜利，努力把龙江打造成顺德的产业大镇、经济大镇。

十箭齐发：力争5月底前完成“应拆尽拆”

新华西村改“战场”一切工作正在有序加速开展，与新华西村一样“战况”火热的还有龙江多个村居的村改项目。甘志宇指出，今年上半年，龙江对村改发起全面决战总攻，继春节前万安、麦朗、南坑二期三个村改项目分别以100%、100%、99.5%的同意率高票通过表决，“三炮齐响”实现了开门红后，接下来将拿出总攻的气势，“十箭齐发”在3月30日前全面推动10个村（社区）16个村改项目完成表决，实现“应改尽改”，并在5月底前完成“应拆尽拆”，让形态破旧、产能落后、安全隐患突出的村级工业园彻底退出龙江历史舞台。

在这个过程中，龙江镇科学安排时间，通过专门的机构统筹，既要保证厂房清拆工作高效进行，也要提供好政府服务，让腾挪的优质企业尽快找到合适的厂房载体继续生产经营。针对村改资金需求的问题，龙江科学统筹村改总攻资金安排，不断创新探索工作举措，通过与金融机构合作，创新村改贷产品准入条件；安排专班对接，加快村改土地出让手续办理；优化封闭运作机制，严控改造成本，用好“工改商住”反哺“工改工”等，确保村改方案真正落地，资金真正到位，土地真正收储，让优质产业能够真正落户。

除了拿出总攻的气势，龙江更有足够的总攻兵力。甘志宇告诉记者，今年龙江镇委、镇政府调动了1000名村改干部到10个“战场”，当中包括区派驻村改干部、镇机关干部、村“两委”干部以及工作人员、基层网格员，也包括已经通过村改项目表决的村居的干部，他们日夜兼程在村改一线开展总攻工作，用心、用情、用脚走好群众路线。在这个过程中，作为镇党委书记的甘志宇全程参与，亲自研究方案，高效决策，亲自调动兵力，也亲自到一线部署工作，每个村改项目也由分管的镇领导作为总指挥，直接对每个项目负责，形成高效的指挥体制。龙江镇党委领导班子还到村改一线召开企业家、村小组组长座谈会，听取群众意见，取得共识，统一思想，争取村改获得社会最广泛的支持。

甘志宇指出，接下来，龙江将继续发挥村改铁军的精神，日夜兼程下沉村改一线做好群众工作，“我们一定乘势而上，一马当先，按照区委的工作安排，全面提前完成龙江村改总攻任务。”

大破大立：全力推动现代主题产业园区建设

过去的2020年，龙江镇拆除整理土地10 497.97亩，改造任务完成率达243%，成为全区首个年度改造超万亩的镇街。甘志宇指出，龙江通过村级工业园改造的“大破”，腾出了发展空间，接下来要把握机会、乘势而上，在“大立”上一马当先，实现建成产业大镇、经济大镇的使命，实现高质量发展的愿景。

除了在土地整理上“大立”，完成应拆尽拆、应改尽改工作，改出更多连片产业用地，改出更多发展空间以外，龙江同步做好村改的“下半篇文章”，在现代产业园建设上实现“大立”。

“加快建设数字产业城是我们村改后的一个重要工作安排。”甘志宇强调，接下来龙江将高水平加快建设超20平方公里龙江数字产业城，牢牢把握省市区合作共建顺德高端装备产业基地的重大机遇，全面落实各项工作，将基地打造成核心突出、特色鲜明、带动力强、集约高效的现代产业集聚区，力争成为全省村镇工业集聚区升级改造的示范区。

与此同时，龙江将全方位对接广深科技创新走廊，主动承接创新资源，面向全球大招商、招大商、招好商，力争引进更多在行业领域具有虹吸效应的优质项目。去年，龙江引进了海天高端智能装备生态产业基地，未来将凭借其在产业领域的优势，吸引一批高端装备智能制造产业链企业集聚。

借助重大平台和龙头项目，龙江正着力培育发展战略性新兴产业集群。除了海天项目所在的高端装备产业集群，龙江还将以联塑先进材料项目为龙头，推进产业链向相关产业延伸，实现智能无人车间的“智造”示范，打造百亿级先进材料产业园，并继续发展生命科学产业集群，进一步瞄准医疗器械领域的发展导向，形成与周边镇街同类产业错位发展的良性格局，力争培养成为龙江新型产业增长极。

值得关注的是，作为家具制造重镇的龙江今年还将全面推进家具产业集群升级，除了优先供地给优质龙头家具企业，支持企业增资扩产，还将支持家具龙头企业进行升级和股改上市，出台龙江“家具振兴十条”和“扶强十条”，赋能家具产业升级转型，挥起“科技+金融”强硬翅膀，推动龙江经济高质量发展。

产城融合：实现“一城三片区”联动发展

2月18日，在农历新年开工首日，龙江镇在东海村中南工业区举行决战村改应改尽改应拆尽拆暨东海村改公园建设启动仪式，对东海工业区的旧厂房进行拆除，发起了新一轮的村改冲锋。

东海村是龙江里海片区第一个成功推动村改的村居。去年6月30日，东海工业区升级改造方案高票通过表决。此次拆除的部分破旧厂房土地将通过复垦复绿的方式，建设成为东海村改公园。这也是龙江镇通过村改实现“一城三片区”产城人文融合发展的重要举措之一。

在村改推进的过程中，龙江突出不同片区的资源特色和功能定位，坚持以人民为中心，立足保证农民利益和农村长远发展，进一步解放思想、创新思路，探索更多样的改造模式。

甘志宇表示，当前龙江对“一城三片区”发展已有清晰的规划，除了高标准建设超20平方公里龙江数字产业城，还以村改助力推动中心城区的产城人文融合发展，完善污水管网、道路等公共配套，高标准建设龙江新城；珍惜里海片区丰富的山水生态资源优势，严控工业发展，建设文创生态产业区，系统打造里海片区都市产业与文旅产业联动发展的新格局。

村改到哪里，乡村振兴就到哪里。龙江还将着力通过村改实现乡村大振兴。甘志宇强调，乡村振兴是村改腾出空间、打造城乡融合新格局的重要工作，下阶段龙江也要争当乡村振兴的新标杆，通过村改腾出的空间，通过财政倾斜等，大力推进乡村振兴项目，以点带面加快推动乡村振兴建设。“村改是龙江的重大历史机遇，我们将按照区委、区政府的决策部署，坚定不移推动村级工业园改造，用足用好省、市、区关于村改的政策红利，实现产业大提升、环境大改善、社会大发展、人民群众生活水平大提高，全力打造龙江镇产城人文融合发展新格局。”

第三章

执道
——村改铁军与群众之路

启动村级工业园改造三年以来，龙江始终一马当先、气势如虹：第一个实现千亩连片，第一个达成“万亩奔腾”，第一个完成“应改尽改”村改总攻任务。龙江为什么能？因为有村改铁军的忘我付出和强大战斗力。

这是一支有着“铁的意志、铁的信念、铁的担当、铁的作风、铁的纪律”的队伍，面对村改这条没有人走过的路，他们没有被问题吓倒，没有让困难成为前进道路上的拦路虎，而是敢于面对困难，善于面对困难，在改革中突破困难。

每个村改项目，龙江镇主要领导均带头冲锋陷阵，攻克最难、最棘手的问题；村改干部们起早贪黑，一户一户走访、一票一票争取，为群众讲好村改故事，与企业算好经济账，让村改红利惠及全体村民。

正如龙江镇党委副书记、镇长孙春刚总结的，“龙江村改能取得一个又一个胜利，能将一个又一个‘不可能’变成‘可能’，除了有上级的正确领导和大力支持，还因为有这样一支奋斗有为、笃行致远的村改铁军！”

总攻破局：
以身作则，下沉一线

2021年刚开年，顺德再次吹响决战村改的冲锋号。村改三年以来，顺德的许多大会总会上演这熟悉的一幕：十个镇街书记在领命出征前，先上台公开立下“军令状”。这一次也不例外。在顺德区委十三届十一次全会上，镇街书记逐一公开自己的2021年总攻任务书，表态要如期高质量打赢这场攻坚战。

早上6时多，龙江村改铁军集中动员，准备入户开展村改表决工作

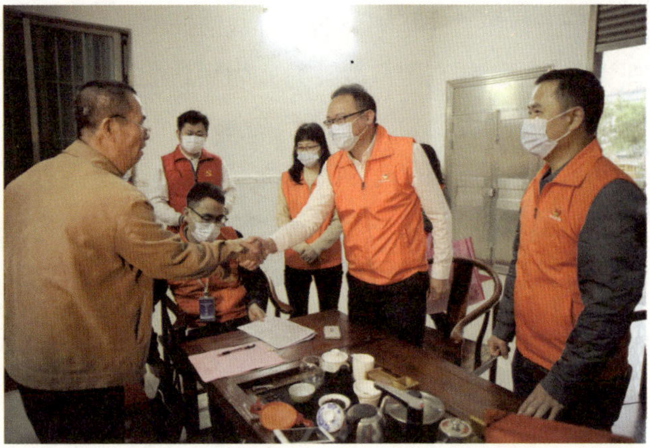

镇领导带队入户开展村改表决工作，与村民握手致谢

这一幕，曾在三年前同样上演过。2018年4月16日，顺德召开村级工业园升级改造工作动员大会，各个镇街的“一把手”上台表态。当时，龙江的声音并不是最引人注目的，但随后的表现却十分抢眼，很快成为顺德村级工业园改造的前锋和标杆，在整个村改中一马当先，第一个实现千亩连片，第一个达成“万亩奔腾”，第一个完成“应改尽改”。

村改铁军冲锋陷阵

龙江为什么能做到？信心来自众人划桨开大船的合力，孙春刚说，“因为我们有着一支敢于担当、不畏艰辛、善做善成，召之即来、来之能战、战之能胜的村改铁军”。

村级工业园改造矛盾多、困难大，需要调动方方面面的力量攻坚克难。从启动之初，村改就被明确为“一把手”工程，建立“一把手”负总责的机制。为了打开村改突破口，龙江镇成立了强力工作组一线办公，镇主要领导带领镇党政人大领导班子和各级干部冲锋陷阵，指挥部领导带领工作组全部下沉一线，在村委会蹲点办公，包干负责。他们坚持“一旦出发，必须到达”的信念和决心，亲自与阻力最大的村民谈，与最棘手的业主谈，破冰攻坚，争取最大支持。在仙塘、新华西、坦西、集北等村（社区），由于“两委”班子存在工作基础薄弱、群众信任度不高等问题，龙江及时选派骨干调任党委书记，提高组织战斗力，为顺利推进村改打下坚实的组织保障。通过一系列措施，龙江村改开始形成别具特色的经验做法，村改工作势如破竹，奠定了龙江在顺德村改中的地位。

2020年，在突发的新冠肺炎疫情中，龙江村改领导团队保持战略定力，坚持一手抓防疫，一手助发展，“多箭齐发”向村改发起总攻，全年共完成11个村改项目，在疫情之中依然率先完成“万亩奔腾”的改造目标，成为顺德全区首个年度改造超万亩的镇街。

领导班子以身作则

历经三年的龙江村改，在2021年全面迈进总攻坚阶段。为了抢抓历史机遇和政策窗口期，龙江镇党委书记甘志宇、镇长孙春刚带领的镇领导班子，毅然决定自我加压，提出3个月完成13个村居总共19个村改项目的表决，这比2018年至2020年的总和还要多。此外，还提出5月底前要完成2400亩的“应拆尽拆”，让形态破旧、产能落后、安全隐患突出的村级工业园彻底退出龙江历史舞台。

“这是一项十分艰巨的任务，但我们没有犹豫，秉承‘一旦出发，必须

龙江镇党委书记甘志宇（居中）与龙江村改办工作人员一起讨论研究村改方案

龙江镇镇长孙春刚（居中）到村级工业园区实地调研

到达’的信念，不达目标，绝不收兵。”在村改总攻的过程中，作为村改统筹指挥的镇主要领导，甘志宇和孙春刚坚守以身作则、下沉一线的龙江村改优良作风和做法，全程参与，亲自研究方案，高效决策，亲自调动兵力，也亲自到一线部署工作。每个村改项目也由分管的镇领导作为总指挥，直接对每个项目负责，形成高效的指挥体制。龙江镇党委领导班子还到村改一线召开企业家、村小组组长座谈会，听取群众意见，取得共识，统一思想，争取村改获得社会最广泛的支持。

为了加速完成春节前的表决，甘志宇、孙春刚等多次带队到麦朗、万安、南坑等村改项目现场，从早到晚留守在村委会，为奋战在一线的村改干部鼓劲加油，调研决战村改总攻情况，亲自研究改造方案，协调并当场解决推进中的问题，为各村改项目快速推进注入强心针。事实上，这样的场景并不陌生。村改以来，坐镇村改统筹指挥部的领导干部，经常冲锋陷阵在一线，废寝忘食地奔忙在各村居之间，高效决策，日夜兼程，尽最大可能做好群众工作，获得群众对村改的理解和支持。

各村居的驻村指挥部里同样是热火朝天的连日奋战，一批批村改工作人员扎进村居，走街串巷，进行表决前的动员或拆除前的协商谈判。最终，在春节前夕，万安、麦朗、南坑二期三个村改项目如期以高票顺利通过表决，村改铁军仅用19天就成功打赢这三场“攻坚战”，再次展现了铁军的风采。

亮眼的“三炮齐响”为龙江村改总攻“十箭齐发”打开了新的突破口。为了应对总攻挑战，龙江全镇组织了1000名村改铁军全力出击，包括镇领导班子、各部门骨干、挂职干部、党员志愿者等，一鼓作气奔赴村改总攻坚的10个村居“战场”。除了镇主要领导亲自谋划、科学研判、全速推进村改总攻外，镇委、镇政府领导班子成员全部下沉一线，到龙江社区、新华西村、官田村、沙富村等驻村指挥部现场办公，与村改干部谋划推进村改总攻各项工作。他们日夜兼程在村改一线开展总攻工作，用心、用情、用脚走好群众路线。

气势足，是因为底气足。经过过去三年的历练，龙江镇委、镇政府已建立起高效的指挥机制。言出必行，行胜于言。正是在这样高效精准的指挥部署下，龙江保持一马当先、乘势而上的气势，仅用一个季度就完成了19个村改项目表决，在全区第一个实现“应改尽改”，刷新了村改加速度，再次站到了顺德村改的舞台中央。

三年多的村改攻坚战，镇领导亲力亲为，践行群众路线，深入一线与村民面对面，与村改干部同壕作战，激励大家抱着必胜的信念一冲再冲。在强有力的统筹领导下，龙江不断向村改要组织力、凝聚力、战斗力，使村改成为龙江淬炼党员干部的“主战场”，锻造出一支“奋斗有为、笃行致远”的村改队伍。

村改铁军在村委会内集中办公，忙碌地埋头工作

顺德区委常委梁伟沛（居中）到村改驻村指挥部慰问村改铁军

为民初心：
坚持原则，灵活施策

春风夹带着细雨，吹进了陈涌居委会。3月的风还透着凉意，却丝毫不减陈涌村改干部的热情——几间会议室里传出了大大小小的声音，身穿橙衣的铁军们正围坐一块，商量着村改事宜。“幸好我们这里的会议室有很多，村民股东们来了，也有地方说话。”陈涌居委会党委副书记郭伟富开起了玩笑。等到业主上门，他又恢复工作时认真严谨的状态，投入到与业主的商讨中。这天，是和剩下的几个业主解除协议的日子，再过两天，陈涌的村改铁军们就要去村民的家中进行委托投票的工作了。

龙江村改进入“十箭齐发”的村改总决战后，这是陈涌社区村改铁军的日常一天。从2017年村改的先行者到2021年村改决战，陈涌社区的村改贯穿了龙江村改全程，不论是改造的方案还是改造的方式，村改工作者们摸着石头过河，一点一点探索深入。对此，村改“老将”黄杰初体会最深，从最早的仙塘村改到现在的陈涌社区，身经百战的他在村改的历练中积累了丰富的经验。原本负责征地拆迁工作的他，对村改政策尤为了解，他主动将经验传授给陈涌社区的村改干部。立足于不同村居的实际情况，他还与村干部们一起探讨如何将政策宣讲得更“陈涌化”，以便让群众了解村改方案与利好。

谈及陈涌村改后的规划，郭伟富说：“接下来我们想多建一个公园，这边的工厂拆除腾出空间后，将来想改成商住用地，不再起厂房了。”把工业用地转换成商住用地，把空间腾出留给公园建设，工改城市，这不仅是郭伟富个人的希望，也是陈涌居民的希望。“听到这个规划的时候，大家都举起双手支持呢。”而这也是陈涌村改顺利推进的重要原因。民心所愿，所向披靡。陈涌社区的村改方案最终以100%同意率顺利通过表决。

这样的村改故事在龙江比比皆是。在村改过程中，最关键的环节就是为每个村量身定做一套村改方案，这套方案需要满足政府、企业、村集体、村民不同主体的利益诉求。一个方案质量的好坏将直接影响村改能不能实施。龙江村改干部常说，没有最好的方案，只有合适的方案。每一个村改方案的出炉，都需要村改干部兼顾各方利益，把握好坚持原则和灵活施策之间的尺度，用好政策组合拳，因地制宜改出最大同心圆。

多方考察，制定最优方案

村改前期，在改造方案的制定上，龙江村改干部不是闭门造车，而是与村委会、股份社反复研究，务求帮助股份社制定最优方案。龙江村改干部深入园区调研，考察了多个项目，积极征询成熟的园区开发运营商，研究顶层设计，通过实践和对比，认为“集体转国有+政府挂账收储+配建集体物业”这一模式最适合龙江，即村集体与全部业主签订退租协议，由村集体收回全部土地和厂房，转为国有建设用地，再统一规划建设。这种模式后来也成为龙江村改的主要模式之一。但这种彻底解决问题的方案，面对的阻力也大。村改具体实施中涉及的三大主体——村民、租用村工业园厂房的企业和厂房业主，都有反对的声音。

在村改方案制定的过程中，村改人员要充分征询村民的意见，使方案更接地气，而阻力也首先来自村民。有的村民认为上一辈留下来的土地到自己

村改铁军穿梭于田间与鱼塘边，走家访户做好群众工作

这儿就没了，没法向下一代交代；有的村民希望将土地收回之后用于房地产开发，否则就是“贱卖土地”。为此，刚开始村改干部吃了不少“闭门羹”——明明人在家，一敲门就把灯关了，再也不应声，也有一见面张口就骂的……

为了平衡各方利益，让群众看到村改方案不是“陷阱”而是“馅饼”，最关键的一点是给村民算好经济账，让他们理解，做村改，村民的获益是实实在在的，把账算明白了，村民就更能接受了。以西溪工业区（一期）为例，升级改造后，西溪股份社将获得约1800万元的一次性现金收益和群众期望的17万平方米的集体物业，村集体年收益将从原来的350万元提升至2040万元，约为改造前的5.8倍，预计每股每年分红不低于3200元。“初步方案出来后，我们会到村里给村民路演，收集他们的意见。在这个过程中，不断完善方案。”龙江镇村改办副主任康裕安说。

更大的阻力来自村工业园的厂房业主，这是一道考验村改铁军的“难题”。对于有的业主，改造意味着解除他们原先签订的租地协议，以后再也得不到这么低价的土地了。“当年没人租地的时候，你们请我来租，现在为什么又要我走？”“我愿意自己花钱拆了重建，为什么不同意？”业主的反应五花八门。村改干部顶住压力，尊重历史事实，坚持原则，通过第三方专业测评，科学制定退租赔偿方案和标准，对业主作出合理补偿。在赔偿标准上，全镇统一标准，严格做到“一碗水端平”。

村改铁军发现，对有的业主，要动之以情；对有的业主，要晓之以理。在土地租赁解除协议中，有个业主曾要求村改指挥部为其解决16年前旧厂房拆迁赔偿历史问题，否则拒不签订土地租赁解除协议。村改铁军对这名业主在思想上多关注，生活上多关心，积极协调村委会、股份社、综治办进行处置，通过查阅历史资料、制作询问笔录方式收集相关证据。经过50天持续努力，终于妥

工作人员耐心做好解释和沟通，企业主同意签订土地租赁解除协议

善解决了历史问题，给业主一个满意答复，让他愉快地签订了租赁解除协议，表态支持村改表决工作。

有的业主有轻微中风病史，村改干部立即联系医生，给了许多有针对性的预防中风建议、注意事项和用药要求，同时把握住机会，详细宣讲村改方案，消除了业主的担心和疑惑。业主被村改铁军全心全意为人民服务的态度和医护人员的精湛医术所感动，最后打消了顾虑，表示全力支持村改方案。

对搬迁企业，龙江出台扶持政策和提供服务，搭建腾挪园平台，留住企业扎根龙江发展壮大。对于用心继续做大做强的企业，龙江积极通过村改推动他们转型升级，实现高质量发展。“以前这里的工业厂房大多杂乱无章，生产模式也较为粗放。”张庆明是坦西本地人，原先也在坦西工业区租地开设了一家家具材料企业。对他来说，村改意味着企业搬迁和一定的成本上升，但是这不影响他对改造的支持。“暂时肯定有损失，但是未来环境、消防等各方面都更好，我还想将来把企业搬回来。”他说。

经过沟通协商，业主支持村改并签下租赁合同解除协议

镇村改办晚上十点半前不打烊，大家在热火朝天地讨论方案

迎难而上，实现多点开花

2020年以来，龙江村改总攻按下“快进键”，呈现多点开花的局面，许多村改项目进入关键期。龙江村改铁军继续坚持大胆闯、大胆试，以问题为导向，面对困难迎难而上。在攻坚阶段，为加快村改方案的制定，白天分散在各个村居现场开展测量评估确认等工作的村改铁军，每晚相约村改办，十点半前不打烊成为常态。他们日夜兼程，加紧谋划、打磨各种村改方案，做到村改不停顿、不止步。

方向对了，不怕困难多。随着村改工程的不断推进，龙江村改铁军用心用智慧丰富和发展改造模式，探索各村居最优的改造路径，不断突破创新，包括单体改造模式的南兴果仁厂项目，多业主联合改造模式的乐龙国际产业园，连片自主改造模式的陈涌工业区，连片“集体转国有+公开出让”改造模式的仙塘宝涌工业区（一期），拆除归整模式的朝阳开发区，公共空间改造模式的环山沿河片改造等。

这些模式各具特色，但共同的原则都是把群众利益放在首位，为民谋福利，急企业之需，通过引进市场机制，做大发展蛋糕，既平衡各利益攸关方的权益，又实现了龙江未来的高质量发展。村改工作也因此取得了全社会的认同和共识，全部村改项目中，表决同意率99%以上的项目达到85%，同意率100%的超过60%。在龙江村改“高歌猛进”的背后，是坚持走好群众路线的生动实践。

为民诚心：用心用情，群众路线

村改铁军啃“硬骨头”

2021年3月初的一个清晨，村改干部余伟棠所在的东头村改铁军微信群又开始活跃起来了。自2月21日建群以来，从早晨开始，群里就会被照片刷屏——橙衣铁军们不是在村民的家中就是在去的路上。

“星期六保证不休息，星期日休息不保证。”这是龙江村改人的日常。余伟棠是龙江村改的“老人”了，从2019年7月投入村改工作，到如今进入东头村改项目，这已经是他走过的第13个村（社区）。龙江村改进入“十箭齐发”总攻坚战以来，东头村改也进入最后的冲刺时刻，但仍有一名村民不愿意参加这次村改，他25年前就搬去江门，很少回来。得知这种情况后，余伟棠与小组成员们积极商量办法，电话联系亲属做思想工作，亲自去往江门，当面讲解村改方案。经过一个星期的软磨硬泡，余伟棠他们把这个“硬骨头”啃下了。为什么能成？“我们是真真正正地为群众考虑，为群众工作的，人心肉做，时间长了，群众是看得见的。”

村改三年多以来，这样的村改故事几乎天天都在龙江上演。“我们村改办同事为了村改总攻争取时间，日夜兼程，连续奋战，经常加班到晚上1点，甚至个别同事的妻子要分娩，他只请了半天假照顾妻子，又马上投身村改这场决战中”……在龙江村改“应改尽改”总攻总结大会上，孙春刚回顾了龙江村改的历程，动情地讲述多位铁军攻坚村改的故事，感动了在座的每一个人，他说：“村改是全体村改铁军、广大群众、企业和业主同战壕、肩并肩走过来的，是大家的汗水和付出、勇气和智慧。”

实践证明，走好群众路线是龙江夺取村改胜利的关键举措，也是凝聚民意、赢得民心的制胜法宝。无论是经验丰富的村改“老将”，还是初出茅庐的“生力军”，无论是区镇下派的干部，还是土生土长的村居干部、社区志愿者，他们始终用心、用情、用脚用智慧走到每一名群众的身边，形成一股战必胜、攻必克的强大合力，推动龙江村改不断跑出新的加速度。

常被村改铁军挂在嘴边、放在心上的“群众路线”，不是一个抽象的整

小区街巷里，随处可以见到村改铁军的身影

体，而是一个个实实在在的个体。龙江镇村改办副主任康裕安历经了22个月的村改，在他看来，和村民打交道就要和他们做朋友，争取村民的支持就要挨家挨户跑，了解他们的社会家庭关系，“一个个做工作，要一票一票去争取”。村改前期，龙江村改铁军主要采取的办法是每天走街串巷给村民看村改方案初稿，以“拉家常”的方式向村民讲解方案，仔细征询村民意见，池塘边、树底下、祠堂里都成了他们路演的地方。除此之外，村改干部还坚持入户宣讲，与股东代表、村委工作人员等，挨家挨户向村民解释村改方案，务求让每个村民都能读懂、听懂、理解方案。

经验丰富的村改干部都知道，在方案正式表决的前一天，往往是各方力量激烈涌动的时候，因此，为了牢牢掌控局面，村改人员从上至下都采取“入户投票”的方式，把表决票挨家送上门让村民投，以争取村民的最大支持。以新华西宝涌工业区为例，为让村民在上班前完成该工业区升级改造方案的表决，村改工作人员要6时起床，6时40分在村委会集合，分组落户到村民家中。“村民白天不在，我们就晚上去，下雨也去。”新华西村委会副主任梁国铭说。

村改铁军坐在鱼塘边，耐心地为村民解释村改方案

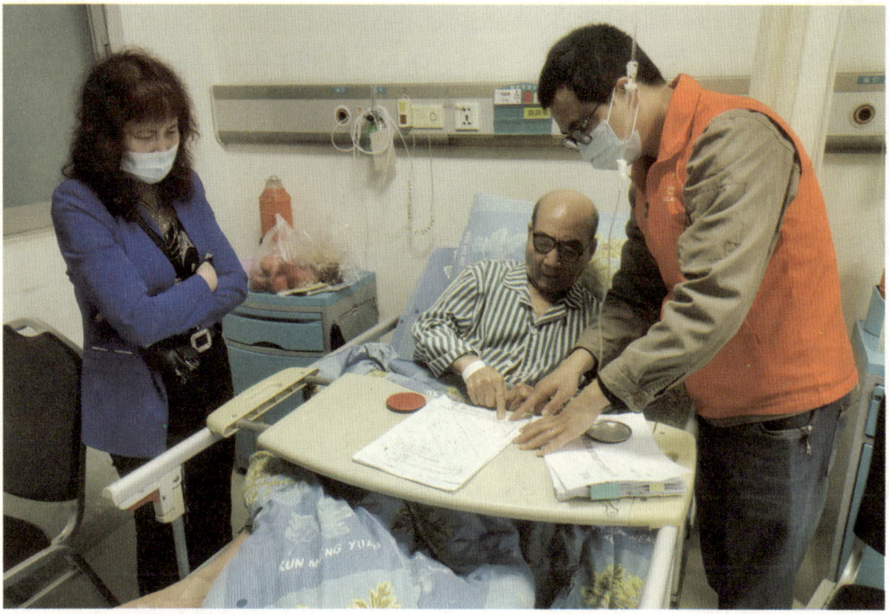

新华西村改工作组专程到医院为业主送票

在与村民建立信任的过程中，涌现了许多感人的村改故事：有的村改干部连续11次登门拜访才敲开一个村民的门；个别村民为了考验诚意，曾让村改干部晚上开车在顺德和中山之间来回跑；还有村民早就移居海外，十多年都找不到，也被村改干部锲而不舍地凭借线索找回来，最后通过视频电话的方式投下同意票。

经过三年的村改推进，龙江业已形成良好的村改氛围，但村改铁军依然一丝不苟地将群众路线贯穿在每项工作中。尤其是进入村改总攻后，身穿橙色马甲的村改铁军奔忙穿梭在各村一线，他们抢时间，迎难上，以绣花精神将群众路线的精髓发扬光大，用心、用情、用智慧创新了更多各具特色的群众路线，也收获了更多群众对村改的真心拥护和支持。

2020年岁末，坦东村改攻坚战时打响时，疫情防控仍处于紧张之中。为完善改造方案并取得群众支持，当地约80名党员干部先后参与到了坦东工业区改造项目中。村民们都在忙着准备过年的事，村改工作组想群众所想，特意邀请了书法家到村里现场即席挥毫，亲自为村民送上500多对春联。同时，了解到村民买不到口罩后，急群众所急，村改干部第一时间发动多家企业或个人捐赠口罩等八批次防疫物资，挨户地送给村民，感动了不少村民。就这样，村改战士们一下子拉近了与村民的距离，也宣传了村改的政策，登记了村民的相关信息，初步了解了村民对村改的态度，营造了浓厚的村改氛围。最后，坦东股份社以99.9%同意率高票通过村改方案表决，成为2021年疫情之下龙江镇首个通过表决的村改项目。

曾参与多个村居项目的村改"老将"经常在走访中，认真倾听村民的烦心事，积极帮助沟通解决，成为值得村民信赖的"亲朋好友"。"我们已经属于西溪村改的'老人'了，以前已经（和村民）打过交道，我们去到村民家中，他们都非常热情，倒茶、拿应节食品来招呼我们。"参与过西溪工业区村改一期工作的村改干部梁源新和凌建佳如今走进村民家中时，有说有笑，谈起村改方案，村民更是洋溢着喜悦的笑容，为村改带来的红利点赞。这和谐的干群关

防疫关键时期，镇领导带头入户走访，贴心地为群众送上口罩等防疫物品

系是用心用情换回来的。作为西溪一期村改时的党委书记，凌建佳对西溪的每一户人家、每一条路都了然于心，梁源新曾主动帮助村民化解了因为空调机箱安装问题带来的邻里矛盾。深耕基层，村改铁军们早已与村民打成一片。相比于西溪一期的村改，二期的工作推进得更顺利了，“一期打下的群众基础，是我们二期推进顺利的主要原因。”凌建佳这样总结。

幕后铁军不辞劳苦

除了在一线冲锋陷阵的铁军，镇党政办、宣文办等参与村改幕后工作的铁军，也是一样没日没夜、不辞劳苦。

官田村改后勤工作人员蔡顺妍的日常工作是收集、核对、汇总股东名册……她的工作居于幕后，支撑着村改铁军顺利完成一项又一项工作。“加班加点工作是常态化，我也已经习惯了。”蔡顺妍笑着说。

作为官田村“两委”的宣传人员，蔡顺妍还借助自己的优势，趁着“三八妇女节”发放慰问金、“植树节”组织植树活动，在女性群体里积极主动宣传村改政策，讲解政策红利，为官田村改争取更多的理解与支持。“妇委是在这里生活了几十年的，我们让妇委用些乡下话解释村改是做什么的，比如，我们以后的分红会更多钱，我们的环境会更加好。如果你说的话太文绉绉了，村民是听不明白的，所以要靠妇委他们几十年的交情，或者他们的村话去解释村改工作，效果会更好”，这位村改队伍里为数不多的女性角色，温柔而坚韧，送去温暖，也给予力量。“正是我们的铁军以这样的作风推进工作，让群众真切地感受到我们的作风，才（让群众）最大限度地接纳我们干部。”孙春刚说。

这些在新形势下发展出来的“花式”群众路线，一个个贴心为民的举动，拉近了村改铁军与群众之间的距离，提升了党群之间的信任和融洽。村改已成为龙江密切党群关系、干群关系的新纽带。这份联系，赋予了龙江村改这篇文章更丰富的人文情怀。一切为了群众，并非一句口号，它落在了村改铁军的行动上，写在了龙江的土地里。

为民暖心：“谢票”暖企，步履不停

“企业疫情后经营状况怎么样？”“拆除过程中存在哪些困难？”“需要政府提供哪些服务？”“拆除后会不会继续留在龙江发展？”在龙江镇苏溪工业区升级改造方案以100%的参与率、100%的同意率通过表决后，镇领导黄勇基，苏溪社区党委书记陈健荣等马不停蹄地率队实地回访苏溪工业区多家企业。他们走进车间了解企业经营情况，与业主坐下详谈，一方面表示感谢，一方面听取其后续发展是否需要政府的帮助，并对企业的困惑进行解答。

在村改表决通过后，坚持群众路线步履不停，始终贯穿在龙江镇委、镇政府的每项工作中。

企业是村级工业园的主体之一，在村改过程中，支持村改的企业、业主顾全大局，其中部分人难免利益受损。回访中，黄勇基详细了解企业受影响情况、接下来的计划，以及在搬迁、找厂房、拿地等方面的需求。了解到企业面临的困难后，黄勇基皆表示会一一记下，并派出专人跟进，积极协调，尽力帮助企业，以确保问题得到解决。

三家受到回访的企业负责人都表示，将大力支持村改，全力配合政府改造。“村改是大势所趋。不改，就无法促进企业转型升级，迎接更好未来。”暖心举措也赢得了企业主对村改的大力支持，家具厂负责人郭茂元说，将利用苏溪工业区改造机会，进一步优化更新企业运营管理模式，促进企业转型升级。“我已在龙江生活了20年，对这片土地有深厚感情，因此我深知，只有大力改造，才是让苏溪工业区提质升级的最好办法。”

村改总攻以来，龙江对完成村改的村（社区）持续开展回访暖企行动，为很多企业提供“有温度”的服务，创新丰富了群众路线的内涵。暖企行动通常由各总指挥和村（社区）党委书记带队，以更丰富更贴心的形式关怀企业，全面回访解除租约退回土地的业主，感谢他们全力支持配合党委、政府村改工作，重点关心中小企业受疫情影响的程度，提供政策帮中小企业克服困难寻求出路。同时进一步宣传村改政策，为企业析疑解惑，打消企业发展

龙江村改铁军入户走访，村民热情欢迎

忧虑，不断凝聚、巩固人心和共识。

与回访暖企一样，村改表决完成后，村改干部入户“谢票”也是富有特色的龙江群众路线创新模式。根据常规的做法，改造方案表决顺利通过后，意味着已经圆满完成村改的第一阶段工作，“谢票”通常可以采用公开信、公告等方式，但坦西村改干部选择再次敲开坦西社区一道道熟悉的大门，登门入户“谢票”。

这不是一场形式化或走过场的活动，而是一次实实在在的群众路线再实践。坦西工业区升级改造方案以95.28%的表决同意率顺利通过后，通过入户“谢票”，村改干部得以再一次与群众近距离沟通交流，聆听群众最真实的想法、建议，收集、记录了群众对村内环境、公共活动、村务管理等方面的意见建议，并一项一项跟进处理。

同时，通过“谢票”，镇村干部也听取了村民对坦西开展乡村振兴、基层工作治理的诸多建议，同步开展政策宣讲、民意收集、志愿服务、人才挖掘等工作。村民们被镇村村改干部的用心感动，纷纷充满信任地反映诉求。坦西村改驻村工作组清河组组长黄坤光在“谢票”过程中，面对热情回应的群众很是感慨，“想当初由于历史遗留问题造成‘后遗症’，部分坦西居民

为感谢村改干部，村民送上了自制的绿豆汤

心存戒备，其中也包括坦西第一批‘两委’干部中的一员，他是从半信半疑到逐渐认可”。“谢票”回访正是坦西村改群众路线的延续和发扬光大。

小举动有大能量。龙江村改铁军用辛勤和智慧走出富有创新特色的群众路线。在推进村改的过程中，龙江根据不同村情、不同需求，扎实走好群众路线，架起党群关系连心桥，使之成为顺利推进村改的强大保障。

走群众路线的工作不会随着村改的结束而结束，龙江将继续把群众路线和村改精神延伸到教育、基层治理等社会的方方面面，贯穿到每项工作之中，乘势而上、主动作为，用汗水和智慧奋力书写好村改“下半篇文章”。

南方观察｜向战无不胜的龙江铁军致敬

发布于2021年3月28日，南方+，龙建刚

一

此刻，让我们把目光投向顺德龙江，他们的表现实在太好了！

今天上午，龙江镇新华西村两个村级工业园改造项目获得全体村民的高票通过，这就意味着龙江已经啃下最后两块最硬的“骨头”，宣告“应改尽改”表决工作的全面完成，从而成为顺德第一个取得如此成果的镇街。顺德区委、区政府主要领导双双前往祝贺，给龙江颁发“村改决战先锋”牌匾。佛山市委副书记、顺德区委书记郭文海说得很动情：龙江村改非常有气势，气势就是力量。龙江村改从2018年以来，每一年都

2021年3月28日，龙江在全区一马当先率先实现村级工业园“应改尽改”，顺德区委、区政府为龙江镇颁发“应改尽改”村改决战先锋荣誉奖牌

成为全区的标杆，这凝聚了龙江党委政府、龙江村改铁军、全体干部群众和企业家的力量和智慧，龙江的橙色军团是顺德铁军的典范。我为奋战在一线的村改铁军而感动，我们这支队伍就是顺德的一笔财富。

如此规格，是因为意义非凡——这是顺德村级工业园改造的重大进展和标志性节点，也为佛山全市的村级工业园改造树立了标杆和榜样。

“我们叫龙江，是龙就要腾飞，是江就要浩荡”，“龙江村改，一旦出发，必须到达”——龙江又一次兑现了自己的庄严承诺。这样的龙江，值得我们礼赞和致敬。

二

村级工业园改造是一个超级难题，在珠三角、长三角都普遍存在，但敢于碰硬的地方没有几个。因为村级工业园改造涉及太多的历史旧账，是利益和矛盾纵横交错的“马蜂窝”，弄不好就会“翻船”，所以很多人选择“绕道”。

村级工业园改造是顺德的“头号工程”，作出这一决定的那个时刻，也许是郭文海出任顺德区委书记以来最难忘的一个夜晚——他反复思考，直到文件即将付印的最后一刻才下定决心。选择就意味着担当。郭文海之所敢做，那是因为村级工业园对顺德发展的极端重要。这是一场没有退路、必须打赢的战斗，谁能担当顺德军团的开路先锋?

龙江就是在这个背景下出场的。

2018年4月16日，顺德召开村级工业园升级改造工作动员大会，各个镇街的“一把手”上台表态。那天，龙江的声音并不是很大，但龙江随后的表现却十分抢眼：率先闯出以集体土地转为国有并挂账收储的全新路子、率先打造千亩主题现代产业园区，很快成为顺德村级工业园改造的前锋和标兵。

2019年的最后一天，顺德召开村级工业园升级改造总攻动员大会。郭文海对龙江提出要求：主动担当、攻坚克难、乘胜追击，将连片改造作为村级工业园改造的主要方向，继续扩大改造成果，走在村级工业园改造工作的最前列。

龙江果然做到了一马当先，成为顺德首个年度改造超万亩的镇街。2020年9月11日下午，郭文海再次来到龙江，颁发顺德第一块“万亩奔腾”荣誉奖牌。郭文海给出这样的评价：龙江的地理位置虽然不是顺德的中心，但干部队伍的精神状态、工作成效走到了舞台中央，村级工业园改造工作更是全区的样板。

三

龙江的村级工业园改造之所以势如破竹、捷报频传，是因为有一支“闻鸡起舞、日夜兼程、风雨无阻”的铁军。

龙江铁军“铁”在哪里？顺德区长王勇如是概括：铁的意志、铁的信念、铁的担当、铁的作风、铁的纪律。

这几年我多次造访龙江，每次都为龙江铁军的故事感动。说实话，顺德村级工业园改造的难度比当年顺德产权制度改革还要大。产权改革的难度在于突破体制的桎梏，村级工业园改造是一场触及灵魂的革命。怎么处理错综复杂的历史问题、如何面对盘根错节的利益诉求——这是巨大的挑战；村级工业园改造方案怎么做，如何得到广大群众、业主和企业的认可和拥护——这是前所未有的考验。龙江铁军在没有路的地方走出了一条新路，沿途都是他们的汗水和付出、勇气和智慧。“龙江模式”的背后有一条奔腾不息的“精神龙江”。

四

“精神龙江”的源头在哪？我以为是桑园围。

桑园围是我国古代最大的基围水利工程，是珠三角灌溉农业发展的里程碑。尽管这一持续几百年的伟大工程建设不是龙江“一个人的战斗”，但龙江人的贡献厥功至伟。清朝时期，一个叫温汝适的龙江乡贤牵头组织南海、顺德十四堡通修桑园围，创造性提出了“借钱生息保障堤围岁修资金”的解决方案；民国时期，另一个叫邓雄的龙江人主持修建龙江新闸、歌滘闸、狮颌口闸，让南海、顺德的桑园围实现了真正的合围。

南海、顺德在桑园围上从合力到合围，关键时刻总有龙江力量的推动。

桑园围改变了龙江的历史，也塑造了龙江人战天斗地、万折必东的精神气质。桑园围所催生的桑基鱼塘，造就了“一船丝绸出，一船白银归”的壮美，也让顺德赢得了“岭南壮县”“南国丝都”的美誉。今天的顺德自信就是从“龙江底气”开始的。

桑园围入选世界灌溉工程遗产名录，就是向气壮山河的“精神龙江”致敬。

龙江有一座著名的电站。在暗礁林立、水流湍急的地方建造我国首座微水头发电站——甘竹滩洪潮发电站，这是顺德的又一伟大壮举，也是“精神龙江”的灿烂爆发。

1200天的日夜不息、12 000人的风雨兼程、102 000立方米的土方搬运……顺德人以钢铁般的意志在龙江大地筑起一座划时代的历史丰碑。

甘竹滩洪潮发电站改变了龙江的白天和夜晚，也为顺德从农业大县向工业大县的跨越提供了强大的动力支撑。

1978年召开的全国科学大会上，甘竹滩洪潮发电站受到隆重表彰，历史又一次向“精神龙江”致敬。

五

大江流日夜，慷慨歌未央。

横穿佛山的325国道上有一个闻名全球的家具走廊，这里拥有全球最完善、最强大的家具产业链条。龙江是这一奇迹的主要缔造者。

1977年，中国乡镇企业生产的第一套沙发在龙江诞生，顺德会展经济的“开山炮”也从龙江打响。40年砥砺奋进，40年砥砺前行，龙江家具人不仅创造了舞台，也登上了舞台中央。今天的龙江，拥有“中国塑料建材产业之都”“中国家具材料之都”的光环，成为熠熠生辉的“中国家具第一镇”。业界公认一个事实：世界家具看中国，中国家具看龙江。是“精神龙江”充沛的阳光雨露，让顺德大地盛开如此绚丽的产业之花。

龙江有顺德最好的酒店、最好的农贸市场，它们都集中在一个叫西溪村的地方。这里是联塑集团总部所在地，酒店和农贸市场就是联塑集团投资兴建的。作为一家已经走向世界的著名企业，联塑集团之所以做这种并不赚钱的投资，不是因为有钱，而是热爱家乡、不离不弃的行动和表达。这样的情怀，是“精神龙江”的另一种诠释和演绎。

龙江村级工业园改造，就是为联塑集团这样有情怀、有抱负的企业提供发展空间而来的。龙江村级工业园改造所释放的产业空间，每一个地块都有5家以上的企业竞争。龙江镇政府设置了一道门槛：本地企业优先、上市企业优先、有远大理想的企业优先。

龙江从来不拒新流。全球装备制造业头部企业——海天集团选择龙江作为高端智能装备生态产业基地和华南总部产业基地，是看重龙江村级工业园改造腾出来的产业空间，亦是对“精神龙江”的加持和礼赞。

六

村级工业园改造这几年，龙江的主要领导更换了三任。他们中有的因政绩突出被提拔，有的因能力出众被重用。龙江让我们惊喜在于，无论主要领导怎么更换，村级工业园改造的队形不变、步伐不乱，始终高歌猛进、气势如虹。如此龙江，除了主要领导的能力和定力之外，一个非常关键的因素是有一支召之即来、来之能战、战之能胜的坚强队伍。尤为可喜的是，这支队伍大多是90后，他们年轻有为、朝气蓬勃，有激情，有冲劲，有很好的专业背景。

村级工业园改造的难度在于村民的诉求不一，有的考虑长远，有的看重眼前利益。如何做出一个多方共赢的村改方案？他们用心、用情、用脚去广泛征求群众意见，然后通宵达旦地反复修改、精心打磨。从群众中来，到群众中去，发动群众、依靠群众、相信群众，这是龙江村级工业园改造走在顺德最前列的路线图和方法论，龙江铁军也是这样炼成的。

村级工业园改造是顺德高质量发展的大战略，是村民思想观念的大转变，是所有村改干部创造力的大提升。致敬龙江铁军，是因为龙江铁军让我们确信：顺德人的最大本事就是从胜利走向胜利。

只要精神在，到哪都是中心！顺德龙江“村改精神”向全社会延伸

发布于2021年4月6日，南方+，熊程

完成“应改尽改”“应拆尽拆”之后，佛山顺德以村改激起的干事创业劲头还能不能持续下去?

作为全区乃至全市村改标杆，龙江镇又一次作出了表率。继3月28日获授“应改尽改”村改决战先锋牌匾后，龙江镇4月6日举行村改“应改尽改”总攻总结大会暨学习“村改精神”动员大会。龙江镇党委书记甘志宇表示，全社会、各行各业要向龙江村改铁军学习，锻造一支支新的铁军。

“奋斗有为、笃行致远”，这是龙江对村改精神的提炼，事实上早已刻在龙江人的基因中。从一千年前龙江人开始建设桑园围，到半个世纪前龙江人冲走在建设甘竹滩发电站、围垦中心沟的前列，这种精神不断被激活、获得新的时代内涵。进入“后村改时代”，村改精神将历久弥新。

三年动用超过3000人次，炼成村改铁军

为什么龙江行?为什么是龙江?

“上级的强力领导和大力支持，是龙江村改取得成功的最关键因素，另一个重要因素是精气神。”龙江镇镇长孙春刚见证了龙江村改率先探索群众路线、率先实现“万亩奔腾”等历程，对“龙江为何能够在全区一马当先”有着深切体会。

2018年5月，龙江在仙塘宝涌工业区（一期）打响了村改的第一炮。当时全区村改都还没有成熟的样板，各项工作几乎是一张白纸。利益主体权益怎么保障平衡、群众工作怎么做、舆情如何引导，一时无从下手。部分群众中还出现了“集体土地被政府强征定向供应”“村委贱卖土地”等声音。在村改干部的全力引导下，最终该项目以

85.13%同意率通过表决，刷新了当时的仙塘村民表决纪录，也成功探索了顺德村改的一种重要模式。

此后，龙江村改更加势如破竹。2019年，龙江不但瞄准第一个千亩园区改造，更将村改工作往更深的层次推进，把村改与农村党建、基层治理、队伍锻炼等多方面统筹推进，成为顺德村改的标杆。

2020年，在面临疫情影响的困难环境下，龙江率先完成“万亩奔腾”的改造目标，更引入了三个超百亿项目，改出了超20平方公里顺德（龙江）数字产业城的发展前景。2021年，龙江仅用3个月的时间就完成了19个村改项目表决，同意率全部达到99%以上。

截至目前，龙江三年来前后动用超过3000人次，累计改造整理园区达20 775亩，取得村级工业园改造决定性胜利。大会现场，2021年村改决战总攻先进集体和先进个人获得命名。此外，孙春刚还特别介绍了赖珠兴、廖浩南、何敏辉、梅广文、林定基、康裕安、廖剑波、张思璘、梁晓波、黄勇基等10个人各自的村改故事。

除了在一线冲锋陷阵的铁军，镇党政办、宣文办等参与村改幕后工作的铁军，也是一样没日没夜、不辞劳苦、加班加点。“正是我们的铁军以这样的作风推进工作，让群众真切地感受到我们的作风，才（让群众）最大限度地接纳我们干部。”在孙春刚看来，龙江村改铁军真正践行了“从群众中来，到群众中去”，把党委的正确主张变为群众的自觉行为。

“只要精神在，走到哪里都是中心”

大会上，龙江将村改精神提炼为“奋斗有为、笃行致远”8个字。

孙春刚介绍，“奋斗有为”就是村改铁军用铁的意志、铁的信念、铁的担当、铁的作风、铁的纪律，不怕苦、不怕累，不断啃下村改道路上一个又一个“硬骨头”，表决每票必争，自觉“赶学比超”；而且善做善成，能巧妙化解错综复杂的历史问题，获得广大群众、业主和企业的认可和拥护。“笃行致远”就是认定一个远大的目标，村（居）、企业、业主和村民都发自内心地与党委、政府一起推动村改，舍“小家”为“大家”。

这种精神来自千年的传承。龙江曾经是一个水患频发之地，但是近千年来始终在努力打破自然束缚，从发起建设、不断修缮桑园围，到后来有了桑基鱼塘，到新中国成立后在本地建设甘竹滩发电站、赴外地帮助围垦中心沟，龙江一直战天斗地、在艰苦环境中坚持创新。

这种精神的影响更将极其深远。“村改不仅重塑了物理空间，而且重塑了精神空间。”知名媒体人、时事评论员龙建刚表示，只要捍卫好这股精神，龙江就会继续走在高质量发展的前列。

如今，龙江镇一面强力做好村改的收尾工作，全力攻坚“应拆尽拆”，坚决让形态破旧、产能落后、安全隐患突出的村级工业园彻底退出龙江历史舞台；一面希望将村改精神发扬到社会方方面面，乘势而上、主动作为，用汗水和智慧奋力书写好村改“下半篇文章”，加快建设产业大镇、经济大镇。“只要精神在，走到哪里龙江都是中心。”甘志宇说。

龙江村改精神，事实上也是顺德村改精神乃至顺德精神的显现。“每次来龙江都为干部状态感到振奋，如果全区干部都有这个状态，顺德高质量发展实验区一定会早日建成。”顺德区委常委、组织部部长练凌东说。

第四章

同心
——共建共享和群众之力

春风化雨细无声，谋福解忧暖人心。人民对美好生活的向往就是龙江村改人的奋斗目标。村改要惠及群众，这是村改铁军给予群众的承诺，也是村改的终极追求——让人民共建共享改革和发展成果。群众是否得到了真实惠，民生是否得到了真改善，是检验村改工作的重要准绳。

忧群众所忧，想群众所想，把群众利益放在首位，做大发展蛋糕，走好群众路线，村改就有了坚实的民心基础。为了长远的发展，村改收益“少分乃至不分”成为常态，群众的意识随着村改不断进步，舍“小家”为“大家”，同心同向，最终创造出“十箭齐发”“万亩奔腾”“应改尽改”等村改奇迹，为新时代高质量发展贡献出顺德村改的“龙江经验”。

共建共享：
集体经济，群众信任

“到账了！”2020年10月的最后几天，龙江镇仙塘村的村民赖伟文十分高兴，一家人的账户上陆续收到了9.1万元，这是仙塘村宝涌工业区二期改造项目的股东分红款。这不是村民第一次收到分红，作为龙江村改的第一个项目，仙塘宝涌工业区一期改造也曾为村民带来过大笔分红。

事实上，村民能获得的回报远远不止分红。在村改中，龙江坚持保障好群众长远收益，夯实乡村振兴基础，除了满足村民短期一次性分红诉求，还在村改中配建物业由村集体持有，保障农村农民获得长期稳定收益。

“村改肯定是有难度，解决困难的关键是脑袋、是人，一定要有创新的思维、担当的精神。”龙江镇党委书记甘志宇说，只要不违法违规并且有利于群众利益的做法，无论之前有无先例，都鼓励一线干部们去探索。

通过村改，龙江在土地上做了一套优化的“加减法”，减少的是落后的产能与环境污染，增加的是有限土地上的产值和村民的收入。针对村居改造的前期土地整理成本，龙江为村集体拓宽融资渠道。对于未达到基本开发条件的村改地块，村集体因全面拆除厂房导致租金收入减少，镇政府也拟出台政策予以支持。

村改推进到哪里，基层矛盾就化解到哪里。在推动村改工作中，一村一个工作组，集中力量化解了农村征地留用地、宅基地和农村历史债务等历史遗留问题。

解决历史遗留问题后，不少村居集体经济因村改实现了质的飞跃。

“我们简单地算一盘账，以前村集体收入一年才600多万元，村集体得到约18.93万平方米的物业，成为业主后，预计村集体收入每年将有2000多万元，实现成倍增长，村民分红自然也水涨船高。”新华西村党委书记陈江华扳着手指算起了这笔经济账。按照方案，宝涌工业区改造后，村集体一次性获得现金收益2.24亿元，另配建的厂房物业年租金收益2440万元，是原来的4倍。简简单单就能算得出的实在收益，自然受到村民的支持。新华西宝涌工业区升级改造方案以98.9%的参与率和99.9%的同意率顺利通过股民表决。新华西村村民腰包鼓起来，村居环境美起来，群众对未来发展充满期盼。

南坑工业区（一期）村改后将获得10万平方米的集体物业和约6400元的一次性每股量化分红，村集体每年租金收入约1200万元，是原来的13倍，极大提升了村集体的长远收益。“这次村改方案如果落地，会让我们南坑的营商环境、居住环境大大改善，村集体收入也会大大增加，所以我们很期待这次村改可以顺利实施。”南坑村股东代表黄用强说。

坚持以人民为中心的发展思想的村改，结出了实实在在的成果，让龙江群众看到了更多、更大的长远利益，提升了群众对镇党委、政府的信任。改变正在发生，渐渐有相当一部分村居主动提出，收益不再“分光吃光”，甚至完全不作一次性的量化分配，而是100%投入村集体建设中。

苏溪工业区开先河

开“村改收益不作量化分红，全部留作发展集体经济”先河的是苏溪工业区。“苏溪是龙江发展较早的村居，集体经济强大，在这样的情况下，要做出让居民满意的改造方案，首先要以更长远利益为出发点去思考。”苏溪村改驻村工作组南方小组组长卢健全说。在村改方案表决过程中，为了获取村民的支持，苏溪村所有的党员干部全都动员起来，挨家挨户去村民家中讲解村改方案，解答村民的疑惑顾虑。

苏溪村民很快意识到，这次村改方案对村子集体经济长远发展大有益处。最后村改方案以100%参与率、100%同意率“双百”通过全民表决，村民和企业主一致决定把改造收益投入到发展用地和自留建设用地等建设中，用以壮大发展集体经济。“我觉得这个改造方式是适应苏溪本身发展需要的，这次改造后留了集体发展用地，可以看到苏溪日后还有很大的发展空间，作为居民，我们都很憧憬苏溪的未来。”苏溪社区居民苏锦麟说。

经过村改后，虽然厂房租金将提高，但在苏溪经营家具企业多年的企业主，不少仍选择留在苏溪。园区的整体规划、空间利用、厂房基础设施、园区管理等都将上一台阶，这让经营企业的他们更加有信心，更加乐意继续留在苏溪发展。“在村改过程中，我们还看到了政府对传统家具产业的关心和帮扶，这也是我们做企业感到很欣慰的。”苏溪的业主这样说。

率先完成“万亩奔腾”目标

苏溪村改成功后不久，左滩、排沙、旺岗的村改方案也以高同意率通过表决，标志着龙江在2020年率先完成“万亩奔腾”村改目标。在龙江镇委、镇政府的积极引导下，三个村的村民也同意本次改造现金收益不作量化分配，而是留作发展用地和自留建设用地等建设资金。改造后，左滩、排沙、旺岗每年租金收入将分别是原来的1.8倍、7.9倍、2倍，未来分期可获得10万、56万、100万平方米的现代化厂房，长远收益非常可观，村集体经济动能更加强劲。

此外，龙江将采取复垦复绿的模式，对左滩村的厂房、旺岗工业区临近山体的厂房进行改造，大大提升人居生态环境。同时结合规划调整和土地出让的时间，龙江给予工业区业主更加充足的清退时间，腾挪到镇内其他现代化园区，让业主感受到村改“温度”。

“虽然不能一次性分红，但从长远来看我们可以获得更多的集体物业租金收益，有能力有财力把家乡建设得更美好。”龙江旺岗村村民冯桂光说。作为企业主，冯建华则认为，尽管现在有损失，但村集体、村民受益良多，为了未来，旧工业园区必须改造。

“农村集体经济发展动能进一步增强，村改一次性分红少分不分留作长远发展成了村民的普遍共识。”在龙江镇党委书记甘志宇看来，“这种现象是影响深远的，将更加有利于村集体经济的可持续发展，更加有利于城乡高质量发展建设，让群众生活更加美好”。

村级工业园改造之所以获得群众发自内心的支持，是因为这是一个利民的工程。它改变了农村集体经济原有的粗放发展模式，使之获得高质量发展，真正让群众共建共享村改红利。更长远来说，村改给村民带来的不仅仅是经济收益的增加、村集体经济的发展壮大，更将为乡村振兴注入动能，为高质量发展蓄势赋能。

民生突破：
乡村蝶变，民心所向

低矮破旧的厂房不复存在，整治后的河涌水清岸绿，党群服务中心内文体活动丰富多彩……村改后，龙江镇坦西社区迎来不少新变化。村改改出了村集体经济的壮大发展，为村容村貌的改善提供了资金保障，为乡村振兴提供源源不断的新动能，更多美丽乡村的宏大蓝图正在越来越多的龙江村居得以实现，让群众真正共享改革和发展的成果。

曾几何时，令龙江工业腾飞的旧村级工业园，不仅收益不高，还带来环境污染、消防隐患等诸多风险，群众的投诉也越来越多。村改带动了产业兴旺，创新了基层治理模式，统筹推进了村居的路网改造、河涌整治、贴心公园建设、新建学校等民生项目。很多乡村迎来华丽蜕变，一间间锌铁棚老旧厂房被拆除，一幢幢现代化厂房拔地而起，村里的面貌焕然一新。村改改出了生态宜居的幸福生活。村改到哪里，乡村振兴就到哪里，作为“头号工程”的村改，为乡村振兴装上了强有力的推动“引擎”。

开展人居环境整治，让群众生活环境更加优美

新华西村的新面貌

在新华西村，以前杂草丛生、蚊虫孳生的李家庄体育公园及周边区域，摇身一变成了规划有序、干净整洁、环境优美的居民群众打卡点。新华西村通过龙江镇政府申请乡村振兴项目基金和利用村改资金，推动两个大的乡村振兴项目，一是以村委会为中心连片打造的新华西文化公园，二是提升整治龙山大涌华西段一河两岸景观。

新华西村有18个村小组，而且相对散居，也不是每个村小组都有钱去开展环境整治，推动乡村振兴。为此，新华西村通过“以点带面”大力开展相关工作，“点”指的是乡村振兴的两大项目，“面”则是在18个村小组开展人居环境整治。

通过村改，新华西村将部分村集体资金以及政府补助资金，支持村小组开展人居环境整治，这也赢得了村民的赞成和支持。“以前村集体没钱没办法，现在有钱了，如果还不做这些工作就说不过去了，这就是我们的问题了。”新华西村党委委员李铭海说，很多村小组环境面貌等都有了新变化，村小组间形成互相学习比拼的氛围，村容村貌改善提升了，村民的环境意识也逐渐跟上了。

“这两年来真的发生了很大变化，是村改启发了我们，让大家的环境卫生意识提高了，自觉将村容村貌扮靓。”新华西村民李润景说，在镇村的政策、资金支持和村民的共同努力下，才有了如今的体育公园，“环境很舒服，有空余时间，三五知己在这里散散步、聊聊天，非常惬意。”

仙塘村建设新家园

自己的家园自己建，乡村振兴就是要用好村改红利，实现共享共建共治。在村改开展之初，仙塘村委会就和村民商量，收到的租金是否可以按照约定好的比例提留一部分，用于村里的发展。这一做法获得村民支持，村里每年收到的钱，拿出来八成作为村民的分红，剩下的两成，作为村里的发展资金，投入到乡村振兴的各项工作当中去。

仙塘村利用村改红利实现乡村振兴，村容村貌变美了

建党群活动中心、文化公园建设、修马路、河涌河岸整治、老市场改造……仅在2020一年，仙塘村便开展了八个乡村振兴项目。流经村里的五帽涌和龙山大涌的水变绿了，村里的旧路铺上了沥青，杂乱的边角地摇身一变成了小公园。体育公园修建出篮球场、羽毛球场、健身区等多功能活动场所。体育公园旁边新建起1800多平方米的文化公园。占地1500平方米的仙塘文化活动中心，是村改之后村民自筹资金建起来的。“我们的文化活动中心规模目前在龙江镇排前列，最多可以同时开上百桌。”赖珠兴很自豪。

仙塘村是诸多龙江村居的缩影之一。村改以来，龙江村居乡村振兴成效凸显，已落实乡村振兴项目137个，总投资约2.08亿元。目前向公众发布的六条龙江镇乡村振兴精品路线，包含了陈涌—苏溪示范片区、万安农耕文旅休闲路线、仙塘现代工业小城路线等。这些精心谋划的线路以点带面，串联成珠，沿途可见龙江水乡风光以及人居环境整治成效。行走在这些村居里，能真切感受到龙江乡村振兴带来的喜人成效，更能深刻领会这句经常被龙江村改人挂在嘴边的话——“村级工业园改造就像一根扁担，一头挑着高质量发展，一头挑着乡村振兴。”

河涌变美了，道路更干净了，绿草茵茵的公园开放了……“现在村里不光整体的环境好了，能休闲的地方也多了，每天晚上我都会在这些地方走一走，感觉很舒服。”如今，仙塘村村民赖伟文傍晚总喜欢去村里的河边、公园走一走，坐一坐。随着后续更多项目的完成，村里的生活环境再提升，未来生活肯定更幸福。

看得见发展，留得住乡愁。一系列乡村振兴项目的建设，优化了人居环境，实现了美丽乡村的蝶变。一幅幅产业兴、环境美、群众乐的乡村振兴新画卷，正在龙江各村居徐徐展开。

让村改真正走进群众内心，靠的不仅是一时的分红，甚至也不仅是未来配建的集体物业收益，而是借力村改开展的乡村振兴，带动了城镇的环境改变，改出了和谐宜居的新生活，让人们拥有看得见、摸得着的幸福感，更理解和支持村改，同心协力奋战攻坚。

激发合力：
群众聚力，齐推村改

“什么时候能改到我们村？”村改干部张景回想起当时在龙江镇里，村民们即使不认得他，也认识他身上那件橙色的村改战衣，不时有村民主动问起村改情况。更让张景印象深刻的是，在东涌社区入户沟通时，刚进门，村民就为他们泡茶，并主动了解村里其他人对村改的意愿，向村改工作队介绍各家的家庭背景，给予工作队与各家沟通的建议。此情此景让张景感叹：“龙江已经形成了很好的村改氛围，群众很支持，也在期待着村改。”

群众的支持与期待

啃下村改这块“硬骨头”，群众支持是破解阻力的最强支撑。随着村改红利源源不绝地释放和村改干部持之以恒地走好群众路线，越来越多的村民从闭门不理睬到表态全力支持，业主从反对拆除到主动申请改造，还没有改造项目的村居也跃跃欲试、申请改造。村改赢得民意民心后，不仅仅村改铁军在战斗，事实上每一位村民都在想方设法地达成村改目标。

2021年月2月25日，龙江镇新华西村，一支约130人的村改干部队伍正在分别对村内的华西工业区（二期）、新龙工业区进行紧锣密鼓的工作。政策宣传、业主沟通、宗地测量、制定评估方案、签订协议……作为龙江镇较早以群众路线推进村改的村，在冲刺“应改尽改”的攻坚战中，新华西村又一次铆足了劲。

作为龙江村改先锋，新华西村2019年就启动了宝涌工业区（一期）改造，当时业主、部分村民抵触情绪较大，村改团队面临重重困难。针对村民的各种疑虑，龙江村改铁军始终注重构建利益平衡共享机制，让所有村改收益归村集体、村民，渐渐把不同的利益群体“盘成”一个“同心圆”，通过重塑利益格局，让大家意识到，自己也是这片土地上的主人翁，同时亲眼看到村改为家乡带来的巨变。“见证过多次征地，我觉得这是最公开、公平、公正的一次，而且作为村民，村改后我们的收入提高了，村居环境也变好了。”新华西村原业主、村民何仕波说。

有温度的村改化开了误解，有情怀的村改消除了疑虑。炎热的7月，有村民自发在家里煲好绿豆沙，送给村改队员们解暑；有村民家里的黄皮熟了，特意送去村委会给工作人员品尝。随着新华西村改的深入推进，最初给村改干部吃“闭门羹”的村民，后来主动把村改干部视为真挚的朋友。起初不愿搬迁的企业主，最后宁可自己吃亏一点也配合村改搬迁，为村集体利益让渡个人利益。“如今，很多时候村民去喝茶聊天，村改成了一个主要话题，大家都喜欢聊一聊，称赞我们村的改造方案好。”村民李先生说，通过改造，不仅村集体收益提升了，还解决了很多历史问题。

宝涌工业区的成功改造，让不少新华西人坚定了信心，期待适时启动对村中其他工业园区的改造，村民李小姐说，“大家都很期待下一轮改造，认为只有改才有未来”。正如村民所愿，在首期改造后，新华西村的其他园区很快也加入到村改的行列中。2021年3月28日，龙江镇在新华西村委会举行全面完成“应改尽改”表决工作现场大会，随着最后新华西村两个村改项目表决结果宣布，龙江在全区率先实现村改“应改尽改”的目标。

群众的主动参与和推动

“应改尽改”完成后，在“十箭齐发”的村改决战中，群众发挥主观能动性、推动村改之力更是无处不在。沙富村通过升级改造表决方案后，有部分村民发现村内还有十宗地未能纳入村改方案，他们主动提出商议，希望能让这些地块也赶上村改的“尾班车”。沙富村党委经收集群众意见，“两委”成员实地考察所得，结合村居实际情况，多次召开会议商讨方案可行性，最终决定就未纳入村改范围的集体用地租金收取问题召开股东表决会议。这一方案以98.5%的高票获得通过，将使沙富股份社同地块租金同比收益翻倍，为沙富村改项目画上圆满的句号。

更多群众以身体力行支持村改，他们与村改干部一道，拧成一股绳，成为推进村改的强大合力。在龙江社区四个股份社表决工作的紧张推进中，村改工作人员日夜加班工作，在这些忙碌的身影中，不乏热心的本村村民。他们主动熟悉村改政策、规划等各项工作，帮助村改办人员撰写文案，准备资料，记录村改宣讲中村民提出的诉求，对不理解的村民一次又一次入户进行解析沟通，和村改办的工作人员一样日夜兼程，任劳任怨。

村民李哥也是这样被村改干部饱满激昂的精神状态感染，主动加入村改

村民投票支持村改，与村改铁军合影点赞

工作队伍，常常与村改工作组一起加班到深夜。他说，“身边还有许多的村改干部奋战在一线，晚上办公室都是灯火通明的。我深知，唯有推动项目改造，才能让龙江等周边区域更好地发展，乡村经济才会蓬勃发展。”

人称“怀叔”的林怀帮是东头村村民，作为村民代表、股东代表，身兼多职的他常年为东头村的发展建言，作为东头工业区的原租户，收到搬迁通知时他也无条件配合。为什么支持村改？“我们都是村集体的一分子，东头要发展必须村改，没有理由，跟着政府的脚步走就行了！”民心所向，成就村改速度。仅仅十来天的攻坚，东头村已完成了评估、测量和解除协议的工作，入户委托也顺利开展起来。2021年3月10日，东头村改项目方案以99.76%的参与率、99.73%的同意率高票通过全体股东表决。

龙江村改道阻且长，村改铁军一路能攻坚克难、捷报频传，靠的就是群众这些点点滴滴汇聚而成的支持和回应。乘势而上、一马当先的龙江村改背后，是充分尊重群众意见、兼顾各方利益带来的收获。在群众的合力支持下，龙江村改迎来越来越多100%表决通过的高光时刻。

从“要我改”变为“我要改”，再到“继续改”，群众越支持，士气越高涨，改造越高效，这样的良性循环已经在龙江形成。正是激发了蕴藏在人民群众中的创造伟力，才有了源源不断的龙江村改成绩。

世埠村改开票仪式上，村民敲锣打鼓舞狮庆贺

振兴提升：
高质发展，共绘蓝图

“辛苦了加班加点的兄弟姐妹们，早安顺德！”2021年2月25日凌晨1时多，顺德龙江（万洋）数字装备产业园总经理周祖泰在微信朋友圈发出感慨。当天连续10家制造业企业到访，园区工作人员直到深夜还在洽谈进驻事宜。

作为2020年龙江3个百亿级项目之一，顺德龙江（万洋）数字装备产业园招商的火热，代表了龙江村改“下半篇”的火热。产业与企业，是龙江村改“下半篇”的关键词。“下一步，要充分利用好村改腾出的空间，优化产业载体布局，打造核心突出、特色鲜明、带动力强、集约高效的现代产业集聚区。”2021年刚开年，龙江镇镇长孙春刚在龙江高质量发展大会上如是说。

村改不是简单的“破”和“立”，而是对产业发展空间和功能定位的重新规划布局。龙江村改，改出大量优质空间。根据产业大镇、经济大镇的“施工蓝图”，龙江将以村级工业园改造为契机，实施“四大振兴、一大提升”，即产业振兴、家具振兴、乡村振兴、教育振兴以及加快城镇品质的大提升、立标杆。

产业振兴

在产业上，龙江以村改为契机，谋划了超20平方公里现代产业集聚区，创造产业的空间和结构新格局。利用村改腾出的宝贵空间，龙江既服务本土优秀企业增资扩产，又引进国内外优质项目；既推动传统产业优化升级，又引进面向未来的先进产业。2021年9月26日，欧贝盛科技纺织新材料产业园在龙江镇举行动工仪式。作为科技赋能纺织行业的创新性项目，该项目的动工意味着龙江轻工家居产业迈进新的发展历程。

这也是龙江村改以“工改工”坚守实体经济、坚持集约高效利用土地空间，加速形成更多先进产业集群，加快重塑产业格局的典范实践。

村改释放出的产业空间极大地推动了现代新兴产业的招商引资，持续吸引优质项目落地。2020年，中国联塑新材料产业园、海天高端智能装备生态产业基地、顺德（龙江）数字装备产业园三个投资过百亿项目落户龙江。龙江正借助重大平台和龙头项目培育发展产业集群，以联塑先进材料项目为龙头打造百亿级先进材料产业园，以海天项目落户为契机吸引一批高端智能装备制造产业链企业集聚，还积极打造生命科学产业基地这个新兴的产业增长极。

此外，龙江还有一批数字装备、环保装备、高端物流、环保建材、能源发电项目相继落地。“有的地块同时吸引好几家企业关注，让我们的招商更加主

2021年3月18日，省市区共建顺德高端装备产业基地在龙江镇签约

动。"龙江镇党委书记甘志宇透露，2021年以来，龙江在谈及谈成的产业用地面积已超过1000亩，涉及现代物流、装备制造、现代家具等多个领域。

家具振兴

在引入战略性新兴产业的同时，具有传统优势的支柱产业也抓住村改机遇转型升级。作为久负盛名的中国家具设计与制造重镇，传统家具产业曾经在龙江占据主导地位。龙江正在实行的家具产业振兴计划，将以一部分村改地块优先供应给优质家具企业增资扩产，支持家具龙头企业股改上市，鼓励家具企业向智能化、数字化发展，打造全球高端家具产业中心。

2021年9月以来，龙江迎来了村改后的"动工季"，本土多家家具企业的增资扩产项目相继启动，掀起了家具振兴的新一轮高潮。

作为龙江首个落户村改地块的家具项目，9月18日，由广东国为公共家具有限公司投资建设的国为智能家具生产基地项目动工，建成投产后预计年产值将超2.2亿元。与国为家具项目动工相隔仅仅四天时间，精一智能家居产业园项目也在龙江动工。该项目占地面积约84.4亩，是龙江目前供地面积最大的家具产业项目，将投资10亿元打造成为数字化、智能化的家具生态产业园，建成投产后营收将超10亿元。

跟产业项目体量的加快攀升相比，产业大格局的重塑将带来更加深远的影响。目前，超20平方公里现代产业集聚区已纳入顺德全区两大现代连片产业集聚区发展规划。龙江镇明确，超20平方公里现代产业集聚区将以数字装备、新材料和家具智能制造为主导产业，以龙江朝阳万亩数字装备产业城和龙江大坝万亩新材料产业城为核心。一个崭新的产业龙江正呼之欲出，一个创造性的传统制造业重镇转型样本浮出水面。

一步先，步步先。村级工业园改造正让龙江发生系统性蜕变，村改成为撬动龙江高质量发展的核心支点，以此为突破口，龙江着力贯彻落实新发展理念，迎来了教育发展、城乡形态、生态文明、基层治理等各领域大提升、大发展。

教育振兴

对龙江而言，教育也是“一把手工程”。在推动产业高质量发展的同时，龙江把教育作为提升营商环境、城市竞争力的核心要素，开展美丽校舍和教学质量提升攻坚战，推动教育振兴。目前龙江已全面启动了中小学校舍扩容提质三年攻坚行动，连续三年每年投入1000万元用于奖教奖学，三年统筹投入15亿元新改扩建16间学校，朝着打造教育和人才高地的目标奋进。“在教育一线工作了近20年，我感受到龙江正以前所未有的力度投入教育事业。”龙江中学获得100万元高考奖励，校长张朝煌表示，龙江教育正迎来最好的发展时机。

龙江镇党委副书记、镇长孙春刚说，龙江未来的发展有非常大的产业空间，将吸引越来越多人才走进龙江，龙江镇委、镇政府将为龙江的人才培养、企业发展提供优质的教育资源和服务，为龙江产业发展提供强大的人才支撑，也为龙江村改引进、留住人才创造良好的环境。

乡村振兴

近年来，在村改的带动下，龙江推动乡村振兴的步伐不断加快，仙塘、

投入资金不少于15亿元，推进校舍扩容提质改造，图为龙江外国语学校

苏溪、左滩等村居成效初现。为了夯实乡村振兴基础，龙江对每个完成村改方案表决的村居，都支持不少于2000万元的扶持资金，提升村居基础设施、公共服务、社会治理，推动城乡协调发展。与此同时，龙江大手笔推动河涌环境整治，还岭南水乡一片碧波。

2021年9月26日，龙江镇举行万安村乡村振兴示范项目暨龙江桑园水韵十里花香启动仪式。依托万安村及甘竹溪沿线的农业、文化和生态资源，龙江统筹规划，把“零星盆景”变“连片风景”，形成龙江桑园水韵十里花香乡村振兴示范带，规划建设桑园围农业研学拓展片区、工业公园拓展运动片区、万亩公园农林休闲片区、红色历史文化研学片区四大主题片区，并把沿线村居多个特色乡村振兴项目串珠成链，形成“1+4+N”的乡村振兴示范带。

城镇品质大提升

在龙江新城，中心区总用地面积约5平方公里，拥有2300多亩连片的新城区土地储备。这里定位为“山水龙城、梦想家园”，将通过建设景观中轴

落实“一城三片区”规划，推动产城人文融合发展

建设高品质中心城区，打造提升三大商圈

线、滨水活力街区、立体化城市综合体、龙江文化艺术中心等，打造成为区域级产业、商务、商业和生活服务中心。

“城镇品质大提升我们要落实‘一城三片区’规划，大力推动产城人文融合发展，建设高品质中心城区，打造提升盈信、亚洲国际、前进十字路口三大商圈，推动新发展理念在龙江落地生根，夯实龙江经济大镇的基底，争当推动城乡融合高质量发展的标杆。”龙江镇党委书记甘志宇对城乡融合的目标作出了阐释。

产业、教育、乡村、城乡融合，这些都是龙江高质量发展大棋盘的关键落子。按照计划，龙江作为今天的村改标杆，将要在“十四五”期间打造制造业创新发展的标杆、传统产业转型升级的标杆、村改引领乡村振兴的标杆、推动教育高质量发展的标杆、推动城乡融合高质量发展的标杆。

建设“智慧龙江、梦想家园”，是龙江人共同的向往和奋斗目标。龙江不仅要成为村改战场上冲锋陷阵的猛将，更要以村改为突破点，做推动城市发展能级蓄势跃升的旗手。面向新征程，龙江产业大镇、经济大镇的高质量发展“施工蓝图”已经绘就。站在新的历史起点上，立足新发展阶段，一个新的龙江正在加速崛起。

顺德龙江：以村改闯出中国镇域转型新路径

刊于2020年9月15日，《南方日报》，蒋晓敏　熊程

254天，10 236.86亩，平均每天拆除整理土地面积达40亩，相当于每天3.7个标准足球场的空间。

利用改造后的连片土地，建设超20平方公里现代产业集聚区，面向全球招商，村里引来百亿级高端智能装备产业项目。

这是佛山市顺德区龙江镇村级工业园改造最新的“战绩”。事实上，在顺德以村改为突破口，率先建设广东省高质量发展体制机制改革创新实验区之际，龙江通过两年多的努力，率先闯出向土地要效益的镇域转型路径，其影响力已经远超顺德一隅的地理局限。

龙江村改，为高质量发展贡献了鲜活的基层经验。

领跑者的法宝：群众路线贯穿基层工作始终

9月11日，排沙、左滩、旺岗三个村居的村改方案高票通过，意味着龙江成为顺德首个年改造面积超过1万亩的镇街。

这是顺德村改攻坚战里程碑式的一刻，而龙江已不是第一次打破纪录。2018年起，顺德以村级工业园改造为突破口，大胆试、大胆闯、自主改，为全省高质量发展提供可复制、可推广的经验借鉴。从那时候起，地处顺德西部的龙江镇，就以一马当先的姿态登上顺德村改舞台。

从开局之年的迎难而上、先行示范，到攻坚之年的全面发力、次第开花，再到总攻之年的万亩奔腾、气势磅礴，从首创政府挂账收储模式，到成功践行群众路线，从开创收益不作量化分红全部留作发展集体经济的先河，到成为首个年改造面积超过1万亩的镇街，龙江始终在村改先行先试大道上冲锋在前。

用心用情走好群众路线，村改成为龙江密切党群、干群关系的新纽带。今年，从为群众送春联送口罩，宣传防疫知识，到村改方案表决前挨家挨户起早摸黑敲门走访，为股民、业主讲清讲透村改方案，再到表决后驻村干部和村党组织书记再次登门致谢和聆听业主意见建议，龙江以绣花精神将群众路线在新形势下发扬光大。

“要我改”到“我要改”，村民投出的同意票，是对顺德村改和龙江镇委、镇政府的信任。今年以来，龙江共有11个村改方案通过表决，同意率均在98%以上，其中3个方案同意率高达100%。

采用市场机制和做好服务双管齐下，村改成为推动家具产业就地升级的新契机。除了采用市场机制协商补偿园区企业，龙江在每一次村改启动前，都做了大量细致工作，包括上门和企业充分沟通，对现有腾挪园区进行梳理分类，给予企业充足的清退时间，减少腾挪给企业带来的影响。

“目前，我们的优质服务也得到企业的肯定，龙江233家规上企业没有一家离开，一批优质的小微企业也愿意扎根龙江成长。”龙江镇党委书记何春云说，龙江还借助村改机遇，淘汰了上百家脏乱差的落后企业，为优质企业的发展提供更广阔的空间。

啃下村改这块“硬骨头”，基层自发探索的激情弥足珍贵，群众支持更是破解阻力最强支撑。

万亩奔腾的村改背后是充分尊重群众意见带来的收获，正是因为激发了蕴藏在人民群众中的创造伟力，才有了源源不断的龙江成绩。

创造者的探索：谋划超20平方公里转型样本

“签约进驻我们园区的企业已经达到52家，其中12家是高新技术企业，有的已经在园内正式投产。”看着不断上升的招商数据，龙江万洋众创城项目总经理周祖泰感到了付出的回报。从硬件、软件建设到运营，龙江万洋众创城与周祖泰在国内负责过的其他园区项目相比，是一次全方位的升级。

万洋众创城位于龙江超20平方公里现代产业集聚区范围内。作为久负盛名的中国家具设计与制造重镇，传统家具产业曾经在龙江占据主导地位，另有少量的塑料、机械、纺织等产业，在73.8平方公里的全镇范围内各处分散布局。面对新发展理念的新要求，龙江以村改为契机谋划了超20平方公里现代产业集聚区，创造产业的空间和结构新格局。

变化首先出现在空间上。龙江将着力打造该镇北部23平方公里的产业空间，其南部、中部则分别建设为文旅区、中心城区，产业与生态、城市紧密联系而又实现了物理区隔。在现代产业集聚区内部，则规划了5个超千亩的主题产业园，实现协同发展。

空间布局的优化极大地推动了现代产业招商引资。今年6月，龙江在深圳举行“村改赋能·龙腾湾区”招商推介会，与8家意向企业签署了战略合作协议，签约总额约150亿元。今年7月，总投资超100亿元的浙江海天高端智能装备生态产业基地落户龙江，成为顺德乃至佛山近年来最大的投资项目之一。同时，经过两年多的培育壮大，顺德（龙江）数字装备产业园目前已经建设到第三期，预计总投资额也将超过100亿元。

今年下半年，龙江还将有一批数字装备、环保装备、高端物流、环保建材、能源发电项目将相继落地，总额超过100亿元。其中，最引人注目的是本土龙头企业联塑集团。该集团决定在龙江增资扩产，首期拟投资42亿元推进新材料产业园建设。在发展壮大新产业的同时，龙江也没有忽视传统优势的家具产业转型升级需求，将定向为家具产业供应一批产业用地。

跟产业项目体量的加快攀升相比，产业大格局的重塑将带来更加深远的影响。目前，超20平方公里现代产业集聚区已纳入全区两大现代连片产业集聚区发展规划。龙江镇明确，超20平方公里现代产业集聚区将以数字装备、新材料和家具智能智造为主导产业，以龙江朝阳万亩数字装备产业城和龙江大坝万亩新材料产业城为核心。

一个崭新的产业龙江呼之欲出，一个创造性的传统制造业重镇转型样本浮出水面。近日召开的佛山市委十二届十次全会提出，顺德区要紧贴国家产业战略布局和全球产业发展趋势，奋力打造广佛极点智能制造标杆。迈向高质量发展新阶段，龙江从顺德、从佛山出发，不仅将成为粤港澳大湾区广佛极点中的重要力量，而且可望为更多传统制造业重镇创造经验。

奋斗者的宣言：立足大湾区提升发展能级

对龙江而言，村改是“一把手工程”，教育发展亦然。近日龙江高规格召开2020年奖教奖学大会，连续3年每年投入1000万元用于奖教奖学，3年统筹投入15亿元新改扩建16间学校，朝着打造湾区教育和人才高地的目标奋进。

“在教育一线工作了近20年，我感受到龙江正以前所未有的力度投入教育事业。”龙江中学获得100万元高考奖励，该校校长张朝煌表示，龙江教育正迎来最好的发展时机。

不止是教育，一子落，满盘活。村级工业园改造成为撬动龙江高质量发展的核心支点，以此为突破口，龙江着力贯彻落实新发展理念，迎来了城乡形态、生态文明、基层治理等各方面、各领域大提升、大发展。

为了夯实乡村振兴基础，龙江对每个完成村改方案表决的村居，都支持不少于2000万元的扶持资金，提升村居基础设施、公共服务、社会治理，推动城乡协调发展。与此同时，龙江大手笔推动河涌环境整治，还岭南水乡一片碧波。

在龙江新城，中心区总用地面积约5平方公里，拥有2300多亩连片的新城区土地储备。这里定位为“山水龙城、梦想家园”，将通过建设景观中轴线、滨水活力街区、立体化城市综合体、龙江文化艺术中心等，打造成为区域级产业、商务、商业和生活服务中心。

这些都是龙江高质量发展大棋盘的关键落子。作为地处大湾区向西辐射的重要节点，龙江不仅要做村改战场上冲锋陷阵的猛将，更要做推动城市发展能级蓄势跃升的旗手。

经济的发动机往往都集中在县域，而县域经济的基础几乎都在镇域。龙江从“工业立镇”出发，打造了家具、塑料建材、食品饮料、小家电、纺织等产业集群，锻造了中国家具设计与制造重镇、中国家具材料之都、中国塑料建材产业之都和中国家具电子商务之都等声名远播的产业品牌，构建了全球最完整的家具产业链条。

通过村改改出新天地的龙江，将成为顺德参与粤港澳大湾区建设的重要力量。一方面，这里拥有灿烂的“两龙”文化，是顺德唯一的广东省历史文化名镇，历史文化底蕴深厚。另一方面，龙江通过村改推动了城市功能完善、产业结构升级、用地潜力提升、营商环境优化，以及倒逼城市治理更加精细化，推动形成共建共治共享社会治理格局，有利于持续提升城市发展能级和品质，在激烈的区域竞争中立于不败之地。

如今，经济与文化齐飞，历史与

现实共舞，是龙江实力和魅力的写照。建设“智慧龙江、梦想家园”，是龙江人共同的向往和奋斗目标。龙江，正以“一旦出发，必须到达”的坚定信念，走在高质量发展的大道上。

龙江今年已有11个村改项目通过表决，成为全区首个年度改造超万亩的镇街

“万亩奔腾”改出发展新天地

刊于2020年9月14日，《珠江商报》，何蕴瑶

“同意率100%，表决通过！”11日，龙江村改再次迎来历史性时刻，旺岗、排沙、左滩三个村居的村改方案表决同时迎来计票仪式，并均以高同意率通过表决。至此，龙江也成为全区首个年度改造超万亩的镇街。“万亩奔腾”下改出的是广阔的产业空间，更是群众对党委工作的高度认可，也是龙江高质量发展的美好明天。

改出民心　高票通过背后是群众的认可

三个会场的工作人员同时开启投票箱，认真地进行点票，统计投票结果。11日下午，龙江镇旺岗、排沙和左滩三个村居的工业区升级改造方案同时表决开票。当表决结果相继宣布后，会场响起热烈掌声。至此，龙江今年累计拆除整理土地10236.86亩，年度改造任务完成率达237%，成为全区首个年度改造超万亩的镇街，实现“万亩奔腾”的村改目标。

这来之不易的成绩背后，离不开群众、业主、企业的真心拥护和认可。此次三个村居的村改，现金收益均不作量化分配，而是作为发展用地和自留建设用地等的建设资金。从最初推动村改时群众的反对到后来的真心拥护，甚至到现在自觉支持全部收益不作量化分配，这样的改变是群众思想进步的体现，更是因群众路线的不断深入而收获的民心。

龙江把群众路线贯穿于村改的始终。村改方案表决前，龙江村改铁军反复上门与股民、业主沟通，做通他们的思想工作；投票表决当天，村改干部往大街小巷、群众家里，为股民送上一张张表决票并深化村改方案的宣传。即使到了村改方案表决后，驻村领导和村党

组织书记还会再次登门拜访、感谢支持村改的业主，并聆听他们对接下来发展的意见。

今年春节前，龙江的村改干部还为股民群众送春联，宣传村改政策；疫情期间，村改干部戴着口罩上门给村民普及防疫知识，通过微信、电话等方式跟远在海外的股民讲解改造方案……记者了解到，这次旺岗、排沙、左滩村改，龙江更结合规划调整和土地出让的时间，给予业主更加充足的清退时间，到镇内其他现代化园区进行腾挪，让业主感受到村改更有“温度”。“改造完成后，企业的生产环境好了，生产效益也会更高，所以我们非常支持村改。”在旺岗经营家具企业的企业主冯建华表示。

改出机遇　精准招商重塑产业格局

此次三个村居的村改方案通过表决后，龙江今年已完成11个村改项目的表决，在村改中牢牢保住“棋先一着”的优势。接下来，龙江村改总攻仍将继续全速推进，全力争取今年内实现“应改尽改”。龙江镇党委书记何春云认为，村改是继改革开放后，龙江又一个难得的发展机遇，因此龙江村改必须走在前列，抢抓机遇，率先改出宝贵的产业空间。

到目前，破掉村级工业园“旧世界”的攻势已无可阻挡，建设现代产业园“新世界”的愿景日渐清晰。在这过程中，龙江坚决淘汰落后产能，加快发展数字装备、新材料等新兴主导产业，开展精准招商，引进优质企业和项目，重塑产业格局。

前段时间在深圳举行的招商推介会上，龙江与8家意向企业签署了战略合作协议，签约总额达150亿元。顺德（龙江）数字装备园已签约41家优质企业，有12家国家高新技术企业。海天高端智能装备生态产业基地项目落户龙江，总投资超100亿元人民币，预计年产值达150亿元。龙头企业联塑集团积极增资扩产，首期拟投资42亿元推进新材料项目。此外，一批数字装备、环保装备、高端物流、环保建材、能源发电项目将相继落地。

与此同时，作为家具制造重镇的龙江坚持不懈推动传统产业转型升级，利用村改腾出的空间优势反哺家具产业。旺岗、排沙等工业区将集约利用、联合开发，建设成龙江家具智造基地，为传统家具产业提供宝贵的国有土地，扶持家具企业做强做大。“如果可以解决发展空间的问题，龙江的家具企业能迎来二次腾飞。”此前因发展空间不足，精一家具选择到南海扩建了生产基地，该公司总经理朱政臣告诉记者，通过这次村改，目前公司正计划申请用地，在龙江扩大生产规模。

接下来，龙江也将重点服务好落地项目，树立起龙江服务企业和招商引资的口碑，吸引更多优质企业和项目落户。

改出动力　全方位推进高质量发展

整治后的河涌里鱼儿自在游，农贸市场经过升级改造后干净整洁……在率先启动村改的龙江镇仙塘村，村内基础设施建设等已经迎来不少变化。乡村振兴是让群众更好地感受到发展成果的关键。在推进村改总攻的同时，龙江全力推动乡村振兴项目落地，同时高标准推进路网、污水管网、污水处理厂等基础配套建设，推动园区与原来的乡村振兴融合发展。

记者了解到，此次通过村改项目表决的三个村居均有部分用地采取复垦复绿的模式进行改造，提升人居生态环境。对于左滩通过村改腾出来的产业和生态空间，龙江也将落实好“一城三片区”的发展思路，连同里海片区其他村居的发展空间，逐步打造田园体验型万亩公园，建设好里海生态文旅区，力争成为顺德城市发展的“后花园”。

乡村振兴是承载村改后产业落地与发展的重要基础。在这个基础上，要留住村改吸引的优质企业和高端人才，还需要有与现代产业匹配的教育服务。为此，龙江把教育与村改一样作为“一把手工程”，努力补齐发展短板，促进教育高质量发展，全力在3年内统筹15亿元落实校舍扩容提质行动，要让龙江“最好的建筑是校舍，最美的风景在校园”；连续3年每年1000万元奖教奖学，重点奖励取得优秀成绩的师生。下一阶段，龙江还将不断配强提升教师队伍，提升课堂教学质量，留住优质生源，营造尊师重教的氛围，让龙江学子在家门口就能享受到优质教育。

何春云表示，龙江将通过村改全力以赴、全方位推进高质量发展，包括办好教育等民生工程，加快推进乡村振兴，积极探索基层治理模式等。“我们接下来一定会用心、用情、用智慧、用汗水，把龙江的各项事业做得更好。”

顺德龙江 加快“四振兴一提升” 迈向千亿大镇

推进产业、家具、乡村、教育振兴，加快城镇品质大提升

刊于2021年6月28日，《南方日报》，熊程

哒哒哒、咚咚咚……火热的六月天里，工地上打桩机作业的声音响个不停。这是位于佛山市顺德区龙江镇的联塑集团数字化智能工厂建设现场。该项目启动一个多月来，在龙江全力支持下高速推进。

龙江是排名全国千强镇第33位的产业大镇，像联塑智能工厂这样的重点项目近年来越来越频繁落地。如果说在过去一段时间，很多企业想进入龙江或增资扩产却受制于产业空间不足的话，那么随着龙江近年来势如破竹推进村级工业园改造，过去最大的难题已经解决。

以村改带动的产业高质量发展，给了龙江对更宏大目标的信心。站在“十四五”的新起点上，向第二个百年目标奋进，龙江将不仅仅是一个产业大镇。2021年初，龙江就提出了包括产业振兴在内的“四大振兴、一大提升”，并逐渐打造出以六支“铁军”为引领的支撑力量。

“我们将在深入开展党史学习教育的基础上，继续一马当先、树立标杆，打造‘千亿龙江’，建好梦想家园。”龙江镇党委书记甘志宇说。

产业跃迁 家具重镇转型现代产业高地

“一根管”联塑集团、“一颗果”南兴果仁、“一块木头”家具产业，是龙江人引以为豪的三张产业名片。前两者都是知名的细分行业龙头，家具产业则凭借数十年的积累和庞大体量对全国产业格局发挥着重要影响。“中国家具设计与制造重镇”“中国塑料建材产业之都”等龙江的称号，早已名声在外。

尽管影响不小，不过这些企业、产业有不少都是20世纪的产物。放到今天

高质量发展的眼光下，它们已不再像过去那样充满活力。龙江产业必须加快转型升级、占领新“赛道”，未来才可能在全国千强镇排名上从第33名的基础上持续进步。

今年初，龙江镇正式提出“四大振兴、一大提升”，排在最前面的就是产业振兴、家具振兴。

家具振兴之所以能够从产业振兴中单列出来，是因为家具在很大程度上代表着龙江传统产业，更因为家具产业的体量足够庞大，值得特别对待。目前，龙江有3000多家家具企业、7000多家家具材料供应商、15万名家具产业从业人员，以龙江为中心的家具产业链上下游年产值和交易额超1000亿元。

为了推进家具振兴，龙江镇今年陆续出台了“龙江家具振兴计划十条”等系列扶持措施，而且在过去困扰家具企业多年的用地问题上实现了突破。同时，龙江镇加快开展“小升规”、企业上市等工作，主要面向的企业仍然是家具。

今年1月，广东国为公共家具有限公司顺利摘牌龙江镇大坝工业园坦西地块C区之一地块，将投资1.85亿元打造现代化智能家具产业基地，成为首个落户村改地块的家具项目。5月13日，广东雄辉绿色建材中心启动建设，其中重要一部分将作为广东爱米高家具有限公司的新厂房。

联塑集团作为龙江最大的企业、中国塑胶管道业龙头，同样走在了产业转型升级的前列。走进位于联塑集团总部的制造车间，许多曾经由人力进行的环节已经实现了自动化、数字化。目前，联塑集团已在全国23个生产基地联网升级打造智能工厂，智造布局效率提速猛进。

事实上，联塑集团也是龙江产业结构调整的代表之一。今年以来，省、市、区在龙江共建顺德高端装备产业基地。3月，去年签约的海天高端智能装备产业基地项目正式启动，规划总投资100亿元，打造集完善生态产业链配套的智慧型研发制造基地。5月，联塑集团数字化智能工厂项目启动，将投入无尘净化车间生产线及国内先进的生产制造设备，建成整体恒温空调车间、数控智能单元化自动生产线等，包括农业高端装备中心、模具制造创新中心、净水设备制造创新中心等综合配套设施。这两个项目都是省、市、区共建顺德高端装备产业基地的重要组成部分。

除了高端装备，龙江近年来也在生

命科学、先进材料应用、食品和现代农业等领域多有建树，打造适应新发展格局、符合高质量发展方向的现代产业高地。

2020年，龙江实现工业总产值同比增长9.1%，突破1000亿元。下一步，龙江的目标是在5年内实现规上工业总产值超1000亿元，成为含金量十足的“千亿大镇”。

民生突破　100个实践项目回应群众期盼

产业的高质量发展，最终是要满足人民群众对美好生活的向往。

5月28日，佛山市顺德区统计局、顺德区第七次全国人口普查领导小组办公室联合发布《顺德区第七次全国人口普查公报》，其中龙江的人口数据令人颇感意外。并非佛山、顺德城市发展的热门区域，但是人口总量超过30万，跃居顺德前五。同时，龙江60岁以下人口占比超过91%，名列全区前三，意味着在中长期将更有活力。

五湖四海的人汇聚龙江，与龙江原有的人口融为一体，他们是龙江最大的财富。要怎样给他们创造一个美好的生活环境，让他们在这里投入干事创业？

总体上提升城乡发展水平是必需。为此，龙江加快推进乡村振兴、城镇品质大提升。对农村，龙江希望用好村改红利，推动农村集体经济实现跨越式发展，争当村改引领乡村振兴的标杆；对城市，龙江将落实“一城三片区”规划，争当推动城乡融合高质量发展的标杆。

更关键的是办好群众关心的实事。今年初的镇人大会上，龙江就发布了“2021年度十大民生实事”。5月25日，龙江举行乡村振兴精品路线暨“我为群众办实事”实践活动发布仪式，46个镇属党组织提出了100个实践项目，涵盖基层组织、乡村振兴、民生服务、基础设施建设、扶贫济困等方面。

教育是最大的民生，教育振兴也位列“四大振兴”之一。近年来，龙江教育资金投入倾斜力度、基础设施建设力度、师资队伍建设重视程度、崇文重教氛围营造力度几乎都“前所未有”。尤其是2019年开始，龙江组织了超15亿元资金，启动校舍扩容提质三年攻坚行动。2020年初，龙江的公开教育募捐活动认捐资金超1亿元，形成了各行业支持教育、全社会都关心教育的良好氛围。

“要把教育作为区域竞争力的重要一环来抓。”甘志宇表示，从落实校舍建设、创新办学模式、优化教学机制、引进名师名校、打造学校品牌等方面促进龙江教育全面振兴，争当推动教育高质量发展的标杆。

医疗是教育之后的又一大民生关注热点。在上述100个实践项目中，就有不少医疗项目，包括龙江镇党政办党支部推进的免费白内障手术公益义诊、龙江社区卫生服务中心党支部推进的家庭医生驻点上门服务、龙江医院党委推进的开设妇科儿科夜间门诊等。

“因为白天上班没时间进行治疗，现在医院开通了夜间门诊，我们可以下班了来就诊，这对我们来说真的是太方便了。”6月16日，一名到龙江医院就诊的市民表示。据了解，龙江医院妇科和儿科夜间门诊开设以来，多次召开专题会议，专题研讨夜间门诊预约、挂号、检查、治疗、取药等项目流程的优化。未来，该医院还将陆续增设耳鼻咽喉头颈外科、眼科、皮肤科、口腔科、内科等夜间门诊。

“铁军”再造　传承敢打硬仗、能打胜仗的精神

6月14日，端午节。本该是轻松休息的日子，但是龙江镇1000多名党群志愿者却纷纷放弃了休假。

因为疫情就是命令，防控就是责任。5月下旬起，顺德周边地区疫情防控形势严峻，包括龙江在内的顺德各地也都绷紧安全防控之弦。端午节假期期间，龙江镇各村（社区）“两委”成员联合驻村工作组、村（居）委会工作人员、党群志愿者等，以电话联系、入户走访等多种形式，挨家挨户开展防疫宣传，劝导群众不外出、不聚集，并及时为未接种疫苗人员做好安排。

在敢打硬仗、能打胜仗、经过了千锤百炼的“龙江铁军”面前，防疫的压力都化作了战胜疫情的动力。早在1000年前，龙江人就敢为人先，成为桑园围建设的主力军。20世纪70年代，甘竹滩洪潮发电站在龙江建成，龙江还派大批队伍前往珠海参与中心沟围垦，诠释了战天斗地的精气神。近年来，顺德打响村级工业园改造攻坚战，龙江又是一马当先，成为全区乃至全省村改工作的重要样本。特别是村改过程中，“龙江铁军”得到了极大的锻炼，也产生了广泛的积极影响。

在今年4月召开的龙江村级工业园升级改造“应改尽改”总攻总结大会暨学习“村改精神”动员大会上，龙江向全镇发出号召，提出学习和发扬“村改

精神”。随后，龙江还专门印发《中共龙江镇委员会龙江镇人民政府关于全面深入开展学习村改精神实施方案的通知》，突出打造六支“铁军”，即“基层大治理铁军”“乡村振兴铁军”“教育振兴铁军”“产业振兴铁军”“医卫服务铁军”和“民生工程建设铁军”，并明确提出了各自的目标任务。

六支“铁军”中，“教育振兴铁军”是最先动员起来的队伍之一。如在防疫期间，6月11日，镇教育线党委号召深入文华社区，协助各项防疫相关工作。接到各校党支部的号召，有的下班没有回家直奔志愿岗；有的上午刚看完医生，听到“人手不足”之后，二话不说加入队伍；有的刚刚结束线上家长会，立马“换场再战”；有的宣传工程中偶遇学生顺道家访，为初三学子加油鼓劲。仅一天时间，898名党群志愿者就走访、电访了21个楼盘345栋楼超17 573户。

以“基层大治理铁军”为带动，各个领域的“铁军”不仅解决着一个个具体的问题，而且推动龙江共建共享治理格局加快形成。目前，龙江正持续提升基层治理能力，推动工会、共青团等发挥更大的作用，支持各类社会组织更好发展，更好地参加社会共建共治。

奋斗没有止境，精神代代传扬。在一支支“铁军”攻坚冲锋下，龙江乘气势、立标杆、一马当先，将继续成为建设广东省高质量发展体制机制改革创新实验区的重要力量。

【红色足迹】

甘竹滩洪潮发电站红色教育基地：传承战天斗地、敢为人先精气神

佛山市顺德区龙江镇左滩村，西江水奔腾东去。20世纪70年代建成的甘竹滩洪潮发电站旧址和几座展馆静静地矗立江边，每天都有一批批党员群众前往参观学习。

这是龙江镇集中打造的甘竹滩洪潮发电站红色教育基地。基地占地约110亩，至今已有甘竹滩洪潮发电站历史展示馆、顺德中心沟围垦历史展示馆、中共龙江镇委党校、桑园围博物馆、龙江历史文化展览馆、甘竹艺术展览馆、甘竹滩广场等场馆，已成为佛山市红色教育基地。

甘竹滩洪潮发电站是该红色教育基地的重点。“甘竹滩水猛如兽，行船过滩甚担忧，船翻人淹常出现，不

知多少人家血泪流。”在该工程建设前，类似的顺口溜在龙江的村民中口口相传。20世纪50年代后，尽管曾炸除部分危险的礁石，航道有所改善，但仍未彻底解决问题。与此同时，作为珠三角的“鱼米之乡”，随着工农业生产的发展，顺德电力紧缺的问题也日益突出。

1971年1月1日，原顺德县集中10个公社、2个镇青年民兵，累计参与近万人，用了三年又四个月的时间，建成甘竹滩洪潮发电站，也是我国首座微水头发电站。在佛山市政协原副主席、原甘竹滩工程指挥部副总指挥欧阳洪看来，从曾经的“老虎滩”变成水电站，当年的甘竹滩工程吸引了海内外的关注，还凭借多项科技创新在1978年获全国科学大会奖状，是顺德人敢为人先的精神体现。

同样位于该红色教育基地的顺德中心沟围垦历史展示馆，则展示了另一段战天斗地的历史。1968年，珠海决定对中心沟进行围垦，但因工程艰巨，故报请佛山地委，提出与邻近兄弟县合作围垦开发。最终，顺德“接招”。1970年，顺德从龙江、勒流等地派出3800多名民兵，历经三天三夜上岛参与围垦。缺乏现代机械设备，许多工作都要靠肩挑手提。持续2000多个日夜的艰难围垦中，有5名顺德围垦战士牺牲。

实际上，该红色教育基地还位于世界灌溉工程遗产桑园围的重要节点上。在甘竹滩洪潮发电站西侧，有桑园围黄公堤旧址。龙江是唯一全境位于桑园围内的镇街，桑园围的1/3在龙江镇内。当珠三角进入工业化的时期，桑园围及其相关水利设施的直接经济价值正在迅速减弱。但是其精神却从来没有磨灭，“敢教日月换新天”的情怀早已刻在了龙江人的血脉里，建设甘竹滩洪潮发电站、参与中心沟围垦，都与这样的精神传承密不可分。

未来，龙江镇希望进一步活化甘竹滩洪潮发电站园区，挖掘世界灌溉工程遗产桑园围历史文化内涵，并将红色教育基地的范围进一步扩展，与周边的甘竹洋关旧址、疍家文化体验区、见龙桥、麻洲岗贝丘遗址等串珠成链，实现以甘竹滩洪潮发电站为核心的5公里连片发展。

【对话】

龙江镇党委书记甘志宇：打造六支“铁军” 落实100件实事

2021年是中国共产党成立100周年。对佛山市顺德区龙江来说，2021年也是其村级工业园改造决胜之年、“四大振兴”计划启动之年，新的经济大镇、产业大镇“施工蓝图”正在加快落地。

作为有全国影响力的产业大镇，今年以来龙江在党史学习教育中有哪些特色？将怎样抓住机遇开创高质量发展的新局面？怎样解决基层的困难事、群众的烦心事？近日，南方日报记者专访了龙江镇党委书记甘志宇。

南方日报：在深入推进党史学习教育中，龙江有哪些自身的特色？

甘志宇：自党史学习教育开展以来，龙江镇高度重视、精心部署，准备充分、启动及时，有序推进、见行见效，推动党史学习教育走深走实、入脑入心。

“龙江铁军”是我们深入推进党史学习教育的最大特色，以干部队伍建设为抓手，强化培训拓思路。通过集中专题和分批学习等形式，我们推动党史学习教育“触角”向村（社区）延伸，积极打通基层党组织开展党史学习教育“最后一米”。

“龙江铁军”的炼成，离不开近几年村级工业园改造攻坚战的锤炼，所以我们将学村改精神作为学习新时代党史的重要内容。我们专门印发《中共龙江镇委员会龙江镇人民政府关于全面深入开展学习村改精神实施方案的通知》，突出打造六支“铁军”，即“基层大治理铁军”“乡村振兴铁军”“教育振兴铁军”“产业振兴铁军”“医卫服务铁军”和“民生工程建设铁军”，并明确提出了各自的目标任务。我们还向全社会发出号召，提出学习和发扬“村改精神”。

南方日报：目前顺德正加快建设全省高质量发展体制机制改革创新实验区，龙江计划怎样把握机遇，开创高质量发展新局面？

甘志宇：建设全省高质量发展体制机制改革创新实验区，是顺德的使命担当，也是龙江的重大机遇。过去三年多，我们用好用活实验区政策，以一支高素质的“龙江铁军”在村级工业园改造等多项工作中走在了前列，产生了实打实的经济社会效益。

例如在2020年，我们的工业总产值已经突破1000亿元。值此建党100周年之际，我们将在深入开展党史学习教育的基础上，继续一马当先、树立标杆，打造规上工业总产值超1000亿元的“千亿龙江”，建好梦想家园！

具体来说，我们将深入实施“四大振兴、一大提升”，包括产业振兴、家具振兴、乡村振兴、教育振兴以及加快城镇品质的大提升，争当制造业创新发展的标杆、推动传统产业转型升级的标杆、村改引领乡村振兴的标杆、推动教育高质量发展的标杆、推动城乡融合高质量发展的标杆。

针对产业高质量发展，近期我们正在大力推进“小升规”工作。我们选取了150—200家重点企业作为“小升规”后备企业培育库，并计划采取一系列举措，通过实施驻村镇领导挂点联系工作机制、出台“龙江镇家具企业扶强十条”政策、广泛开展政策宣贯和培训工作等，积极推动这批企业实现“升规”。接下来，龙江镇政府将加大力气做好这项工作，为龙江经济高质量发展打好数据基础。

南方日报：深入开展“我为群众办实事”实践活动，龙江聚焦哪些民众关心的问题？有哪些创新举措进一步切实解决基层的困难事、群众的烦心事？

甘志宇：围绕优化环境、社会治理、乡村振兴、关爱帮扶、改善民生等领域，龙江梳理和计划实施不少于100件“我为群众办实事”实践活动项目，并于5月28日举行了启动仪式，推动党员深入基层一线，切实解决群众“急难愁盼”问题，真正让群众呼声需求“件件有着落，事事有回音”，推动形成为群众办实事长效机制。

5月下旬起，顺德周边地区疫情防控形势严峻，全镇上下要高度重视疫情防控，把防疫工作作为当前头等大事抓好抓实。其间，全镇46个党组织党员干部带头冲在疫情防控第一线，积极投身疫情防控、疫苗接种、核酸采样等各项工作中，以干促学，也是“我为群众办实事”实践活动的具体表现。

一马当先攻村改　产业大镇谋新局

刊于2021年7月1日，《佛山日报》，朱朝贵

百亿级宁波海天高端智能装备产业基地项目开建、联塑集团数字化智能工厂项目启动、广东雄辉绿色建材中心启动……今年以来，顺德区龙江镇喜讯频传，一个个重大产业项目先后落地。龙江镇以村级工业园改造为突破口，推动高质量发展结出累累硕果。

作为顺德区乃至佛山市村级工业园改造先锋，龙江镇近年来坚持党建引领、主动争先，率先探索推广挂账收储等行之有效的改造模式，率先实现了村级工业园改造总攻“万亩奔腾”、村级工业园“应改尽改”，并保持战略定力，用好腾出的宝贵发展空间，推动产业、乡村振兴等各领域向高质量发展迈进。

龙江镇党委书记甘志宇表示，站在“十四五”新起点，龙江镇将认真贯彻落实新发展理念，扎实开展党史学习教育，把党史学习教育成果转化为推动高质量发展的强大动力，抢抓机遇、乘势而上，高质量写好村改“后半篇文章”，努力迈向“千亿大镇”，将其打造成顺德的产业大镇、经济大镇。

牵住村改“牛鼻子”　为高质量发展蓄势赋能

2018年，顺德区委、区政府将村改列为“头号工程”。龙江镇积极响应号召，汇聚所有资源，倾全镇之力，坚定不移推动村改工作，坚决打赢这场没有退路的战斗。从2018年的先行先试、破冰攻坚，到2019年形成范本、势如破竹，再到2020年多箭齐发、万亩奔腾，龙江不断按下村改“快进键”，形成势不可挡的气势，凝聚起推动高质量发展的强大动能。2019年和2020年，龙江镇连续两年被顺德区委、区政府命名为“顺德区村改攻坚标杆单位”。

2021年，龙江镇乘势而上，采取“多箭齐发”的模式，全面推动10个村（社区）16个村改项目，同时紧密铺排厂房拆除工作，力争做到表决、拆除无缝衔接，奋力实现在全区村改总决战中一马当先、再立标杆。3月28日，随着新华西村、龙江社区、沙富村、官田村等村居的村改方案全部顺利通过村集体表决，龙江镇率先全面完成村改“应改尽改”表决工作。

3年来，龙江镇村改铁军日夜奋战，不断探索创新，推动了22个村（居）完成改造34个村改项目，改造面积20 775.56亩，为高质量发展腾出了空间，为全区、全市村改提供了“龙江样板”，贡献了龙江力量。

这份成绩单背后，离不开坚持党的领导、加强党的建设这一制度优势的支撑。在村改攻坚中，龙江镇党政人大领导班子与各级党员干部一起冲锋陷阵，全部下沉一线，在村委会蹲点办公，包干负责，破冰攻坚，争取村民和业主的支持；同时，及时调整部分村（社区）党委第一书记和副书记，提升班子战斗力，发挥出基层党组织战斗堡垒作用，重塑了农村政治生态和秩序。

此外，龙江镇始终坚持用心用情走好群众路线，对村集体及村民因地制宜推动改造，充分将长远与短期利益相结合，让集体经济实现了质的飞跃，让村民受惠得益；跟业主沟通时做到尊重历史事实，坚持原则，作出合理补偿；对搬迁企业出台扶持政策和提供服务，搭建腾挪园平台，让企业扎根龙江、发展壮大。

这一系列措施，让龙江村改形成了有特色的经验做法，不仅推动改造工作势如破竹，也为乡村振兴、重塑产业新格局等打下了坚实基础。

写好村改“下半篇文章”　努力迈向千亿大镇

2020年，龙江镇跻身全国综合实力千强镇第33位，实现工业总产值同比增长9.1%，突破1000亿元，以村改带动经济高质量发展成效凸显。

2021年是“十四五”开局之年，龙江镇在率先完成村级工业园“应改尽改”后，迅速明确要实现“大立”，高质量写好村改“后半篇文章”，力争5年内实现规上工业总产值超1000亿元，成为含金量十足的“千亿大镇”。

甘志宇表示，“十四五”时期，龙江镇将充分利用村改创造的发展机遇，乘势而上、奋勇拼搏，在“大破”之后实现土地整理、现代产业园、投资模式、城乡建设、传统优势产业升级的“大立”，努力将其打造成顺德的产业大镇、经济大镇，建设成顺德西部的重大产业平台，建设成顺德辐射珠江西岸、粤西地区的重要节点，争创全国家具产业集群高质量发展的标杆、全省村镇工业集聚区升级改造的标杆、全市村改促进营商环境优化的标杆、全区村改促进生态协调发展的标杆、区域性教育高质量发展的标杆。

为此，龙江镇提出实施“四大振兴、一大提升”战略，即加快产业振兴、家具振兴、乡村振兴、教育振兴及城镇品质大提升、立标杆，突出重点，找准路径，推动产业腾飞和城乡品质全面升级，让高质量发展成色更足，群众共建共享美好幸福家园。

蓝图已经绘就，奋进正当其时。当前，站在中国共产党成立100周年的新起点上，龙江号召全镇上下学习和发扬村改精神，不断增强干事创业的精气神，继续奋勇争先、攻坚克难、敢于担当作为，奋力开创高质量发展新局面。

“村改一方面重塑了物理空间、发展格局，另一方面也重塑了精神空间，形成推动发展的强大动力。”知名媒体人、时事评论员龙建刚表示，只要发扬好“村改精神”，龙江就会继续走在高质量发展前列。

龙江镇举行“学村改精神，铸基层治理铁军”动员大会，启动党建引领基层社会治理三年行动计划

借村改之势开创基层治理新局面

刊于2021年5月1日，《珠江商报》，何蕴瑶

4月30日下午，龙江镇举行“学村改精神，铸基层治理铁军”动员大会暨龙江镇党建引领基层社会治理三年行动计划启动仪式。龙江将借村改总攻的气势乘势而上，全力打造一支基层治理铁军，开创龙江基层社会治理工作新局面。

龙江是顺德区村改工作的标杆。龙江村改一路走来，依靠的是村改铁军的精气神。为深入学习龙江村改铁军奋斗有为、笃行致远的精神，牢固“理想与信念，奉献与奋斗”的精神支柱，龙江镇制定《龙江镇党建引领基层社会治理三年行动实施方案》，动员激励全镇基层治理队伍乘势而上、一马当先，开创龙江基层社会治理工作新局面，为高质量发展夯实基础。

龙江镇党委副书记罗冠明介绍，龙江镇党建引领基层社会治理三年行动将通过六大举措，全力打造一支“能征善战”的基层治理铁军，形成“一个核心，四大体系”的基层社会治理新格局。龙江希望通过三年的努力，创建1个省级以上民主法治示范村（社区），获得3个省级以上基层社会治理类奖项，创建3个以上行业商会参与社会治理示范点，创建8个以上区级社区营造示范点，培育村居自组织250个以上、社会治理“三人小组”200个以上，推动构建“15分钟党群服务圈”，全镇推广议事协商制度，23个村居均形成特色鲜明、成效显著的基层治理现代化项目。

龙江镇党委书记甘志宇希望龙江基层治理队伍在工作中弘扬村改精神，以走好群众路线为根本原则，为群众多做实事，为稳定多作贡献，打造龙江基层治理的品牌，让龙江的社会基层治理工作成为全区标杆。

顺德区委副书记、政法委书记肖秀

明认为，龙江镇委、镇政府通过不断弘扬村改精神，乘势而上推动各项工作是战略之举，用村改精神锻造各方面工作的队伍的做法值得肯定，希望龙江基层治理铁军像村改铁军一样听党指挥，心系群众，把各项工作抓到实处，以“一旦出发，必须到达”的气魄，争取在全区基层治理工作上一马当先，推动龙江经济社会高质量发展。

动能转换　点燃发展新引擎

龙江镇强化党建核心引领作用，切实把党建优势转化为发展优势

刊于2021年6月30日，《珠江商报》，何蕴瑶

仅用一个季度完成了19个村改项目表决，在全区率先实现村改“应改尽改”；乐龙路龙江南坑跨线桥比原计划提前半年通车，补齐了龙江环镇快速交通格局的关键一环；高效有序推进全员核酸检测工作，仅仅半天时间就为超10万名群众进行核酸采样……今年上半年，龙江镇各项工作不断创出新速度，一项项成绩的取得是龙江镇始终坚持党建引领，把党建优势转化为发展优势的有力体现。

向村改要战斗力凝聚力执行力

今年3月28日，随着新华西村两个村改项目表决结果宣布，龙江在全区率先实现村改“应改尽改”的目标。至此，经过3年的不懈努力，龙江全镇累计改造面积20775.56亩，为高质量发展腾出了空间，也为全区村改贡献了龙江力量。

3年多的村改攻坚战中，龙江坚持党建引领，持续深入践行群众路线，同时也把攻坚村改作为检验和提升基层党组织建设质量的关键一招，不断向村改要战斗力、凝聚力和执行力。

龙江镇把村改作为基层党组织战斗力的“试金石”，设立镇村改办党支部带头冲锋，各村（社区）党委坚持“党对一切工作的领导”，统筹一切资源和力量推动村改，让党旗高高飘扬在村改一线。

与此同时，村改成了龙江淬炼党员干部的“主战场”。龙江抓好“头雁”队伍建设，下派300多名机关干部冲在前线，砥砺品质、提升才干。经过村改，龙江镇村（社区）“两委”班子能力和威信得到了大大提升。

通过村改，龙江也密切了党群鱼水情。在每个村改项目中，村改铁军起早

贪黑，一户一户走访、一票一票争取，对群众讲好村改故事，对企业算好经济账，让村改红利惠及全体村民，让党群、干群关系得到空前融洽密切。

2018年以来，龙江镇党委先后获得“担当有为先进集体”“顺德区村改攻坚标杆单位”以及“村改决战先锋”称号，村改让龙江基层党组织的凝聚力大大提高，干部队伍的精气神也得到极大提升。

思想引领激发干事创业热情

走进龙江甘竹滩洪潮发电站园区，园区内已建成多个主题展示馆，逐步建成“博物馆之城”，更重要的是，已“退役”的发电站成为党员教育基地，正以崭新的身份继续发光发热。

2019年，龙江在甘竹滩园区建成龙江镇委党校新校区，目前镇委党校与园区内的甘竹滩洪潮发电站历史展示馆、中心沟围垦历史展示馆等红色资源连片谋划，建设成甘竹滩党员教育基地，成为龙江党员教育培训的重要阵地。至今，龙江镇委党校已开展党员培训约150批次。龙江利用甘竹滩党员教育基地大力开展党史红色教育，共接待4万多人次。

高标准打造甘竹滩党员教育基地是龙江加强政治建设的其中一项重要工作。近年来，龙江始终将政治建设摆在首位，坚持以习近平新时代中国特色社会主义思想武装头脑，增强基层党组织思想引领力。

龙江扎实开展“不忘初心、牢记使命”主题教育，镇党委领导班子带头学，开展专题学习研究35次，推动领导干部上讲台，镇党委书记给新任“两委”干部、教师队伍、农村党员群众骨干上党课，带动全镇形成热火朝天的学习氛围。

与此同时，龙江广泛弘扬村改精神，积极用村改精神激发干事创业的积极性，组织3600多名党员开展了315场“学村改精神　续奋斗新章”主题党日活动，将村改精神延伸到各行各业，锻造各领域的铁军队伍。

锻造基层党组织战斗堡垒

6月2日，龙江镇为员工接种率达99.5%以上的广东联塑科技实业有限公司、广东南兴天虹果仁制品有限公司分别授予“新冠疫苗接种先锋”荣誉称号。自新冠肺炎疫情暴发以来，龙江“两新”党组织主动扛起社会责任，积极发挥模范带头作用，突显了龙江基层党组织的凝聚力和战斗力。

在基层党建工作中，龙江着重强化农村带头人队伍建设。去年底，龙江高质量完成村（社区）“两委”换届选举工作，“两委”平均年龄较往届下降6岁，35岁以下干部占比提升17个百分点，大专及以上学历占比86.5%，整体年龄、学历结构进一步优化。龙江还在全区率先建立村（社区）党委副书记专职抓党建工作制度，实现村（社区）党建工作专人专管，管出战斗力、执行力；出台制度把村（居）民小组长当成后备干部管起来、用起来；并落实村（社区）重要事权清单管理，保障村（社区）党组织领导核心地位，有效强化党的全面领导。

此外，龙江在全区率先推行农村“共产党员户”挂牌亮身份，增强党员的归属感和责任意识；实施农村党员分层量化积分考核管理制度。今年5月，龙江还正式启动青年党员功能型党支部建设工作，成立龙江镇青年党员导师团，开展青年党员大轮训，进一步加强龙江青年党员教育管理。

党组织凝聚力强、党员作用发挥好的局面在龙江逐步形成，集北村的华丽蜕变就是一个生动例子。通过选优配强党委班子，严格党员教育管理，推动村改及一系列民生项目建设，集北村党委成功“摘帽”，被区评为优秀等次，软弱涣散党组织实现由弱变强。

抢抓经济社会发展新机遇

近年来，龙江围绕各项中心任务，坚持党建引领，坚定不移践行新时代群众路线，为推动乡村大振兴、社会大发展注入了强大动力。

去年新冠肺炎疫情暴发以来，龙江坚持以党建引领筑牢疫情防线，成立3个集中隔离点临时党支部，动员2653名党员，23支党群志愿先锋队战斗在防控一线，由党员牵头组建110人的复工专员队伍，助力企业复工复产。在当前开展的新冠疫苗接种和全面核酸检测工作中，全镇5500多名党员当先锋、作表率，带头接种疫苗，支援核酸检测，为群众提供贴心服务。

一手抓防疫，一手抓发展。龙江充分利用村改创造出的难得发展机遇，乘势而上、奋勇拼搏：海天高端智能装备产业基地等大型项目相继落户，生物医药等新兴产业不断崛起，一批中小学校舍新建或扩建工程加速推进，推动135

个乡村振兴项目建设，建成广受群众欢迎的“贴心公园”140多个……龙江正着力推动产业结构更加完善，农村更加富裕稳定，城乡发展更加融合协调，环境生态不断向好，民生福祉持续提升。

面向未来，龙江将继续奋勇拼搏、真抓实干，深入实施产业振兴、家具振兴、乡村振兴、教育振兴以及城镇品质大提升、立标杆，通过党建引领各项工作，充分发挥党员的先锋模范作用，激发干部队伍的精气神，真切为群众办好事实事，全力推动龙江经济社会高质量发展。

党建引领跑出发展加速度

龙江镇强化党建引领作用，为高质量发展注入澎湃动力

刊于2021年6月25日，《珠江商报》，何蕴瑶

仅用一个季度完成了19个村改项目表决，在全区率先实现村改“应改尽改”；乐龙路龙江南坑跨线桥比原定计划提前半年实现通车，补齐龙江环镇快速交通格局关键一环；高效有序推进全员核酸检测工作，仅仅半天时间就完成超10万名群众的核酸采样……今年上半年，龙江镇各项工作不断跑出新速度，取得一项项成绩的关键正是龙江镇注重把党建优势有力地转化为发展优势。近年来，围绕各项中心任务，龙江镇始终坚持党建引领，充分发挥基层党组织战斗堡垒作用和党员先锋模范作用，为高质量发展注入澎湃动力。

“头号工程”锻造攻坚克难龙江铁军

“同意率100%，表决通过！”今年3月28日，随着新华西村最后两个村改项目表决结果宣布，龙江在全区率先实现村改“应改尽改”的目标。至此，经过3年的不懈努力和探索创新，龙江共推动22个村（社区）完成34个村改项目改造，全镇累计改造面积20 775.56亩，为高质量发展腾出了空间，也为全区村改提供了“龙江样板”，贡献了龙江智慧。

2018年4月，全区吹响了村级工业园改造攻坚的号角，循着嘹亮的号角声，龙江在仙塘正式拉开了千亩工业园村改的大幕。3年多的村改攻坚战，龙江坚持党建引领，持续深入践行群众路线，并把攻坚村改作为检验和提升基层党组织建设质量的关键一招，不断向村改要组织力、凝聚力、战斗力。

龙江镇把村改作为基层党组织战斗力的“试金石”，设立镇村改办党支部带头冲锋，各村（社区）党委坚持“党

对一切工作的领导”，最大限度统筹资源和力量推动村改，党旗在村改一线高高飘扬。

与此同时，村改成了龙江淬炼党员干部的“主战场”。在攻坚村改的过程中，龙江抓好“头雁”队伍建设，下派300多名机关干部冲在前线，砥砺品质、提升才干。经过村改，龙江镇村（社区）“两委”班子能力素质和威信得到了大大提升，村（社区）党组织换届选举书记得票率高达92.5%，村（居）委会换届选举平均得票率高达96.2%。

通过村改，龙江也密切了党群鱼水情。用心、用情、用脚、用智慧走好新时代群众路线是龙江村改铁军一直践行的工作方法。每个村改项目，龙江镇主要领导均带头冲锋陷阵，攻坚最难最棘手的问题；村改铁军起早贪黑，一户一户走访、一票一票争取，向群众讲好村改故事，和企业算好经济账，让村改红利惠及全体村民，党群、干群关系空前融洽密切，党的群众基础不断扩大。

2018年以来，龙江镇党委先后获得“顺德区担当有为先进集体”“顺德区村改攻坚标杆单位”以及“村改决战先锋”的称号，村改让龙江基层党组织的凝聚力大大提高，干部队伍的精气神大大提升。2020年中央组织部到龙江镇调研，充分肯定龙江镇党建工作成效，认为“在这里找到了基层党组织发挥作用的鲜活例子”。

旧电站变身党校为基层党建“发电”

走进龙江甘竹滩洪潮发电站园区，一边是开阔的西江美景，另一边，经过活化改造，园区已建成多个主题展示馆，逐步建成“博物馆之城”，更重要的是，已“退役”的发电站成了党员教育基地，以崭新的身份继续发光发热。

2019年，龙江投入近500万元在甘竹滩园区建成龙江镇委党校新校区，目前镇委党校与园区内的甘竹滩洪潮发电站历史展示馆、中心沟围垦历史展示馆等红色资源连片谋划，建设成甘竹滩党员教育基地，成为龙江党员教育培训的重要阵地，并将逐渐打造成全区乃至全市的党员教育示范点。

至今，龙江镇委党校已开展党员培训199批次。龙江利用甘竹滩党员教育基地大力开展党史红色教育，接待4万多人次；创新开展“大巴党校”专题培训，组织3000多名农村党员“走出去”对标先进“找差距、学经验、谋发展”。

高标准打造甘竹滩党员教育基地是

龙江加强政治建设的一项重要工作。近年来，龙江始终坚持把政治建设摆在首位，坚持用习近平新时代中国特色社会主义思想武装头脑，增强基层党组织思想引领力。

扎实开展“不忘初心、牢记使命”主题教育，龙江镇党委领导班子带头学，开展专题学习研究35次，推动领导干部上讲台，镇党委书记给新任“两委”干部、教师队伍、农村党员、群众骨干上党课，带动全镇形成热火朝天的学习氛围。

同时，龙江广泛弘扬村改精神，用村改精神激发干事创业的积极性，组织3600多名党员开展了315场次“学村改精神 续奋斗新章”主题党日活动，提升干部队伍精气神。今年以来，“学村改精神，铸教育铁军”“学村改精神，铸基层治理铁军”等动员大会相继在龙江召开，村改精神正延伸传递到龙江的各行各业，锻造出各领域的铁军队伍。

党员亮身份作表率凝聚战斗堡垒力量

6月2日，广东联塑科技实业有限公司、广东南兴天虹果仁制品有限公司分别获龙江镇新冠肺炎疫情防控指挥部授予“新冠疫苗接种先锋”荣誉称号。早在6月1日，联塑集团员工新冠病毒疫苗首针接种率已高达99.9%，南兴天虹果仁公司员工首针接种率达99.5%。

自新冠肺炎疫情暴发以来，龙江“两新”党组织在关键时期主动扛起社会责任，积极发挥模范带头作用，彰显着新兴领域的党建活力，突显出龙江基层党组织的凝聚力和战斗力。

龙江以完善上下贯通、执行有力的组织体系为重点，推动基层党组织全面进步全面过硬，打造坚强有力的战斗堡垒作为推动基层党建工作的重点。在这过程中，龙江首先强化农村带头人队伍建设。今年初，龙江高质量完成村（社区）“两委”换届选举工作，“两委”平均年龄较往届下降6岁，35岁以下干部占比提升17个百分点，大专及以上学历占比86.5%，整体年龄、学历结构进一步优化。同时，龙江在全区率先建立村（社区）党委副书记专职抓党建工作制度，实现村（社区）党建工作专人专管，管出战斗力、执行力；出台制度把村（居）民小组长当成后备干部管起来、用起来；落实村（社区）重要事权清单管理，保障村（社区）党组织领导核心地位，有效强化党的全面领导。

此外，龙江在全区率先推行农村“共产党员户”挂牌亮身份，增强党员的归属感和责任意识；实施农村党员分层量化积分考核管理制度，以“小积分”管理“大队伍”，对积分靠后党员通过谈话提醒机制促其进步。今年5月，龙江启动青年党员功能型党支部建设工作，成立龙江镇青年党员导师团，开展青年党员大轮训，进一步加强龙江青年党员教育管理。

通过一系列工作的有效开展，党组织凝聚力强、党员作用发挥好的局面在龙江逐步形成，集北村的华丽蜕变就是一个生动例子。通过选优配强党委班子，严格党员教育管理，扎实推进村改及一系列民生项目建设，集北村党委成功“摘帽”，被区评为优秀等次，软弱涣散党组织实现由弱变强。

乘势而上绘就高质量发展新画卷

近年来，龙江围绕各项中心任务，坚持党建引领，坚定不移践行新时代群众路线，为推动乡村大振兴、社会大发展注入了强大动力。

去年新冠肺炎疫情暴发以来，龙江坚持以党建引领筑牢疫情防线，3个集中隔离点成立了临时党支部，23支党群志愿先锋队战斗在防控一线，由党员牵头组建110人的复工专员队伍，助力企业复工复产。在当前开展的新冠疫苗接种和全面核酸检测工作中，全镇5700多名党员当先锋、作表率，带头接种疫苗，支援核酸检测，为群众提供贴心服务，以实际行动践行“我为群众办实事”。至6月21日，龙江新冠病毒疫苗接种人数累计已有436261人次，其中已完成全程接种免疫程序180277人。

一手抓防疫，一手抓发展。在持续打好疫情防控攻坚战的同时，龙江充分利用村改创造的难得发展机遇，乘势而上、奋勇拼搏：海天高端智能装备产业基地等大型项目相继落户，生物医药等新兴产业不断崛起，一批中小学新建改建校舍建设正酣，135个乡村振兴项目按下加速键，140多个“贴心公园”来到群众身边……龙江正着力推动产业结构更加完善，农村更加富裕稳定，城乡发展更加融合协调，环境生态不断向好，民生福祉持续提升。

2021年是中国共产党成立100周年，是“十四五”规划开局之年，也是龙江乘势而上、大有作为的一年。今年，龙江继续奋勇拼搏、真抓实干，深入实施产业振兴、家具振兴、教育振兴、乡村振兴以及城镇品质大提升、立标杆，通过党建引领各项工作，充分发挥党员先锋模范作用，激发干部队伍精气神，真切为群众办好事实事，全力绘就龙江经济社会高质量发展新画卷。

尾声

启示

——新时代基层治理实践探索

从敢闯敢试，到日夜兼程、风雨无阻，龙江村改已经推进了三年时间，收获了沉甸甸的硕果：

腾出连片产业空间，助力本土产业增资扩产，外来百亿项目纷纷落地，招商引资取得历史性突破。从源头上极大减少了大气、水体、土壤等环境污染，并腾出空间复垦复绿，打造一批公园，重现岭南水乡风貌。构建基层治理新格局，一揽子解决了长期困扰农村的征地留用地、人居环境质量较差等历史难题，极大提升了村居党组织的威信，密切了党群、干群关系。打造公共服务新格局，通过村改腾出公益性用地用于增加医院、中小学、文化公园等高品质公共基础设施供给，群众拥有更多的获得感、幸福感、归属感。

一子落，满盘活，在推进高质量发展的大棋局中，龙江人一手抓村改一手抓乡村振兴，系列举措与成效得到了广大企业、村民的好评，也撬动产业、城乡、生态、公共服务和基层治理等社会各领域迈向高质量发展。龙江村改的大胆探索，也为其他基层治理工作带来深远的启示意义。

启示一：
坚持以人民为中心的发展思想

人民开心、群众满意的村改才是含金量高的村改。

习近平总书记反复提到“人民对美好生活的向往就是我们的奋斗目标”，强调要真抓实干践行以人民为中心的发展思想，充分认识以人民为中心实施乡村振兴战略对做好“三农”工作的重大意义。

首先在村改的过程中，龙江镇始终坚持“一把钥匙开一把锁”，坚持实事求是、因地制宜推进改造，不搞“一刀切”，根据工业园现状复杂、利益交错的实际，在详细分析不同村级工业园的土地属性、用地现状、利益主体、资金状况、业主实力的基础上，总结出了六种改造模式。不同情形适用不同模式，具体问题进行具体分析，虽然增加了工作量，提升了工作难度，但通过这样的多元化改造模式，让村民、村集体、业主和企业主等利益攸关方的合法权益得到保护，优化方案，更得民心。

其次，在村级工业园改造的过程中，把走好群众路线作为制胜法宝，实行户联系制度，以走访座谈、议事协商、民主表决等做法，充分发挥民主，尊重民主决策。村改方案、产业发展方向都须经过全体村民投票，赞同率必须超过三分之二的门槛，项目才能落地，实现“村改的事村民提、村改的事村民议、村改的事村民决”，使村改工作能够得到群众的支持，形成强大合力。

同时做到村改收益进一步向农村倾斜，坚持真正让村民受惠得益，一方面对拆除区域实施租金扶持，直至符合基本建设条件为止；另一方面帮助解决村集体改造资金不足问题，承担相应利息。对业主，始终顶住各方压力，严格按照标准测量和制定补偿方案；对搬迁企业，出台扶持政策和提供服务，让企业到感受龙江村改“温度”。在合法合理合情前提下最大限度维护好各方利益，使得群众上访或群体性事件发生率为零。

龙江人从开始就知道村改不是一锤子买卖，坚持以人民为中心的发展思想，在村改过程中始终将广大村民利益放在首位，坚持“一心为民、服务群众”，兼顾了改造后的短期、长期利益，考虑周全，村民们非常信任和支持。如从集体建设用地转为国有建设用地过程中，政策制度上增加一条村级工业园改造做工业必须保留有产权物业给农民的设计，要把这个土地出让总的收益和20%—50%拿来做产权物业，这个物业是村民有产权的，从而保障农民农村长远的收益。

村改同步攻坚民生期盼，坚持村改推进到哪里就努力化解群众“急难愁盼”的问题。譬如，西溪社区党委针对群众普遍关注的股份分红低的问题，借助西溪工业区（一期）改造，大大提高群众股金分红，由原来每股590元增加到村改后每股不低于3200元；集北村党委针对群众较关注的村容村貌问题，着力解决群众停车难问题，重启了文塔路的修缮工程，投入200万元对村内老旧破损道路进行修复，出资80万元开展直小海清淤工程，得到群众的一致好评。

此外，龙江镇结合乡村振兴工作，统筹推进参与村改村居的路网改造、河涌整治、“贴心公园”建设、新建学校等民生项目，进一步提升农村生活环境。通过村改的带动效应，不断加速推进乡村振兴、城乡融合发展与生态文明建设，带动龙江的基层治理、民生事业、文旅区建设、文化发展等各方面的大发展，让村民收获看得见、摸得着的幸福感，“智慧龙江、梦想家园”才能在高质量发展的路上行稳致远。

启示二：
奋斗有为笃行致远的村改精神

2021年3月28日，龙江“应改尽改”任务全面完成，在全区“十大军团”中率先突围。三年村改攻坚，龙江从仙塘宝涌工业区（一期）153.72亩，到如今累计改造面积达20775.56亩。2019年和2020年，龙江连续两年被区委、区政府命名为“顺德区村改攻坚标杆单位”；2021年，龙江被授予“村改决战先锋”牌匾。

在顺德地理位置并不占优势的龙江，如何能够取得一个个胜利?

2021年4月6日，在村改“应改尽改”总攻总结大会暨学习“村改精神”动员大会上，龙江镇党委副书记、镇长孙春刚对村改精神进行提炼与阐释。他认为，龙江村改的成功，除了上级的强力领导与大力支持这一关键因素，龙江村改铁军“奋斗有为、笃行致远”的精气神十分重要。

“奋斗有为”就是村改铁军用铁的意志、铁的信念、铁的担当、铁的作风、铁的纪律，不怕苦、不怕累，不断啃下村改道路上一个又一个“硬骨头”，表决每票必争，自觉“赶学比超”；而且善作善成，能巧妙化解错综复杂历史问题，获得广大群众、业主和企业的认可和拥护。“笃行致远”就是认定一个远大的目标，村（居）、企业、业主和村民都发自内心地与党委、政府一起推动村改，舍“小家”为“大家”。在这样的村改铁军精气神的带动下，三年来，龙江积极响应区委、区政府将村改作为“头号工程”的号召，汇聚所有资源，倾全镇之力，前后动用超过3000人次投入这场没有退路的战斗中，全面实现“应改尽改”，取得村级工业园改造决定性胜利。

“奋斗有为、笃行致远”的村改精神事实上早已刻在龙江人的基因中。从一千年前龙江人开始建设桑园围，到半个世纪前龙江人冲在建设甘竹滩发电站、围垦中心沟的前列，再到改革开放初期龙江家具敢为人先的创业精神，这种精神不断被激活、获得新的时代内涵。到了今天，村改再次激活了龙江人骨子里干事创业、开拓创新的基因，艰苦奋斗，勇立潮头。

2021年以来，龙江镇把村改精神延伸传递到各行各业，全面锻造教育、基层治理、乡村振兴、产业振兴、宣传等各领域的铁军队伍，让村改精神延伸至每一个领域，“乘势而上，一马当先”。

启动打造教育铁军，实行教育振兴三年行动。努力打造一支具有“铁的信念、铁的意志、铁的作风、铁的担当、铁的纪律”的龙江教育铁军，以村改精神涵养师德师风，以村改精神激发使命担当，以村改精神驱动教育创新，支撑与保障龙江教育高质量发展。

打造一支超千人有理想、有信念的基层治理铁军，并启动三年行动计划。以基层治理铁军为支撑，通过六大举措，形成“一个核心，四大体系”的基层社会治理新格局，继续做好群众工作，走好群众路线，与群众打成一片，多做实事，打造龙江基层治理品牌，为龙江高质量发展营造和谐美好的发展环境。

进入“后村改时代”，村改精神将历久弥新。

启示三：
党建引领攻坚克难的铁军力量

针对乡村振兴，习近平总书记多次强调党建的核心作用，提出“采取切实有效措施，强化农村基层党组织领导作用，选好配强农村党组织书记，整顿软弱涣散村党组织，深化村民自治实践，加强村级权力有效监督”。

顺德人为什么“可怕”？因为敢想、敢闯、敢干、敢为人先的精气神。而这种精气神的激发，靠的就是党建引领。改革开放40多年来，顺德历届党委率领全区人民翻越一座座山头，孕育出敢想、敢闯、敢干、敢为人先的顺德人精气神。

龙江镇坚持把“党对一切工作的领导”贯彻落实到村级工业园改造全过程，建强班子，筑牢堡垒，把农村基层党组织建设成为落实党的政策、带领农民致富、密切联系群众、维护农村稳定的坚强领导核心。建立区、镇、村三级联动机制，将指挥部设到村委会，龙江镇委书记、镇长、区派驻负责人等领导坚持蹲点办公，形成了高效率的运行机制，实现了各司其职、相互配合、齐抓共管，随时掌握动态，及时化解问题。包括镇委书记在内的指挥部负责人与园区改造涉及的业主多次面对面谈判，果断处理棘手问题，与村民小组长和村民座谈对话，争取他们支持村改工作。

强化“领头雁”建设。针对重点难点村普遍存在的党组织战斗力不强、群众信任度不足等问题，2018年至今，龙江镇调整村（社区）“两委”成员，下派多位第一书记。如针对此前集北村“两委”班子工作基础薄弱、群众信任度不高等问题，下派镇机关干部廖浩南担任集北村党委书记，实现书记、主任、经联社社长“三职”一肩挑。廖浩南上任后，说服父亲主动解除村改园区物业涉及的租赁合同，在他以身作则的示范下，同村另外50多名村民也在解约合同上签下了名字。此外在村改攻坚的日子里，廖浩南带领其他村改干部奋战在一线，积极听取党员群众意见，第一时间解答释疑，及时清晰地回应了群众的关注点，并根据群众意见和建议，不断完善改造方案，争取最大范围的认同。

发挥党员“顶梁柱”“主心骨”的作用。无论是全区产业升级还是乡村振兴的方方面面，各种群体都要经历不同的转型痛苦，这种改革阻力的克服和矛盾的化解，只能依靠中国共产党的各级组织和广大党员，为各项改革的矛盾化解、资源整合、路径设计铺路搭桥。龙江镇组织了近3000名干部奋战在村改一线战场。每一位党员干部都坚定“一旦出发，必须到达”的信念，召开座谈会、与村民面对面传递政策精神、给股民写信争取支持……没有什么困难能拖慢他们的工作脚步。村改干部基本是早上6时起床，7时集合进村入户，因为过了8时，农民出门务工，再找人就难了。在坦西村改展板上，有一张干部点着蜡烛向村民讲解方案的照片，即使停电也不停工。在当地村改干部口中，流传着这样一句话：周六保证不休息，周日休息不保证。周六日是村民和业主的休息日，为能与工作日难有空闲时间的企业家、群众对接协商，村改干部往往利用周末的时间入户做宣传、沟通工作，每一个周末各村村委会办公楼里仍是一片热火朝天的干事局面。

村改党员干部同心同向、日夜兼程的成绩，便是2020年，在受到疫情影响的困难环境下，龙江率先完成“万亩奔腾”的改造目标，更引入了三个超百亿项目，改出了超20平方公里顺德（龙江）数字产业城的发展前景。2021年，龙江仅用三个月的时间完成了19个村改项目表决，同意率全部达到99%以上。

“正是我们的铁军以这样的作风推进工作，让群众真切地感受到我们的作风，才（让群众）最大限度地接纳我们干部。”在镇长孙春刚看来，龙江村改铁军真正践行了“从群众中来，到群众中去”，把党委的正确主张变为群众的自觉行为。

启示四：
共建共治共享的基层治理格局

党的十八大以来，以习近平同志为核心的党中央高度重视城乡社区治理工作，作出一系列重大决策部署。“社区是基层基础，只有基础坚固，国家大厦才能稳固”，“社会治理的重心必须落到城乡社区，社区服务和管理能力强了，社会治理的基础就实了”。龙江村改犹如一根扁担，一头挑着高质量发展，一头挑着乡村振兴。在营造共建共治共享的社会治理格局中，形成党委领导、政府负责、社会协同、全员参与的机制，找到了改革的最大公约数。

不断完善党委领导。龙江镇政府高度重视社会治理工作，对村改后的村（社区）支持不少于2000万元的扶持资金；总投资约2.08亿元落实173个乡村振兴项目；推动河涌环境整治，治理了水浸黑点；提升村居基础设施、公共服务、社会治理，推动城乡协调发展。通过村改推动了城市功能完善、产业结构升级、用地潜力提升、营商环境优化，以及倒逼城市治理更加精细化，推动形成共建共治共享社会治理格局。

经济领域的各种力量全面参与，心往一处想，力往一处使。在镇委、镇政府全面吹响推动乡村振兴的号角后，龙江企业家积极响应政府倡导“自己家园自己建”号召，主动参与，支持家乡发展。中国联塑集团成立联心塑爱慈善基金，捐赠1500万元定向支持龙江社区龙江小组乡村振兴建设；南兴天虹果仁制品有限公司成立鸿恩阁一埠慈善基金，捐赠600万元定向支持南坑村一埠小组乡村振兴建设；东海村多家企业捐赠100万元定向支持东海村改公园建设；佛山市广隆铜业实业有限公司捐款支持仙塘村开展乡村振兴项目。2020年疫情期间，当得知龙江镇防控物资较为紧缺的消息后，龙江镇总商会党委大力发挥平台作用，积极发动会员单位寻找或捐赠防护物资。在总商会会长邓惠娟女士的牵头下，镇内企业纷纷踊跃捐资捐物，短短两个小时就募集到24万元，24小时后募资金额超过了40万元。身处医疗器械行业的罗耿荣发动了自己的人脉资源，在全球寻找既能快速到位又平价的防护物资，让捐赠资金得到最高效的利用。

强化群众“自己家园自己建”的能动意识，营造共建共享的良好氛围。村民转变观念，从“要我改”变成“我要改”，做到每个人都是社会治理的参与者。2021年3月，沙富村村改，有部分村民提出希望就沙富村内有十宗地未纳入村改方案提出商议，争取赶上顺德村改的“尾班车”。沙富村党委经收集群众意见，“两委”领导班子亦多次召开会议商讨方案可行性，最后召开股东表决会议，方案同意率达98.5%，为沙富村股民带来153万余元的新增分红。

龙江镇左滩村从2018年在乡村振兴大背景之下，就开始摸着石头过河，创新基层治理，探索出议事协商的方法。把对村民关心的事项进行分类分流，除“三重一大”外，其他的事项则按照轻重缓急和管辖范围，整理出一份“议题清单”，涵盖河涌安全管理、公厕管理、停车位管理等涉及村民生活方方面面的事情，通过村民议事协商解决，激发村民“自己的家园自己建、自己管”的使命感和积极性。为此还把村委会从集体经济中提留的20%资金按股东人数分配在各个村小组名下，作为项目申报专项资金。建立“幸福基金”，以小额资助方式，鼓励村民积极参与公共设施更新和开展民生服务。对议事协商团队进行绩效考核机制，优异者由村委出资奖励。村民通过亲身参与问题解决，增进对村“两委”的理解和认同，村“两委”也可以从处理小事杂事上解放出来，抓大放小，把更多的精力放在长远发展问题上。

从刚开始的艰难起步到如今的势如破竹、取得重大成果，从不理解不信任到拧成一股绳形成强大合力，从“要我改”到“我要改”，龙江村改的这些变化反映了村改是一场符合各方利益的改革。只有坚持以人民为中心，充分协调各方利益，充分调动各方力量，让群众共建共享村改红利，才能破解各方利益纠葛的诸多难题，换来龙江城乡华丽蝶变。

附录

乘势而上　一马当先　树立标杆
实现千亿龙江　建好美丽家园

——在2021年1月22日镇委工作会议上的报告

龙江镇党委书记　甘志宇

同志们：

这次会议的主要任务是：以习近平新时代中国特色社会主义思想为指导，深入贯彻落实党的十九大和十九届二中、三中、四中、五中全会精神，再部署、再推动习近平总书记出席深圳经济特区建立40周年庆祝大会和视察广东重要讲话、重要指示精神在龙江落地，认真落实省委十二届十一次、十二次全会，市委十二届十一次、十二次全会精神和区委第十三届十次、十一次全会精神，总结2020年工作，确定2021年思路，牢牢把握当前发展机遇，解放思想、立足优势，力争在"十四五"规划开局之年，奠定龙江贯彻落实新发展理念，推动经济社会全面高质量发展的新基础，为顺德建设广东省高质量发展体制机制改革创新实验区作出更大贡献。

一、客观总结一年成绩，坚定下阶段发展信心

过去一年，镇委高举习近平新时代中国特色社会主义思想伟大旗帜，在上级党委的坚强领导下，传承发扬"甘竹滩精神"，在做好疫情防控的同时，落实"六稳""六保"总要求，坚决发起村级工业园改造总攻，推进现代主题产业园建设，推动龙江经济和社会发展取得新进步。全年工业总产值同比增长9.1%，规模以上工业总产值526亿元，同比增长7.8%；全社会固定资产投资同比增长20.4%；

工业投资同比增长55.8%；工业技改投资同比增长78.1%。这是全镇党员干部群众包括我们龙江的企业家，经受住各种考验，砥砺奋进、艰苦拼搏取得的成绩，是龙江在高质量发展上取得的重要成果。在此，我谨代表镇委，向全镇广大企业家、干部群众表示崇高的敬意和衷心的感谢！

过去一年我们的工作成效，概括起来主要表现在五个方面：

（一）基层党建得到全面夯实。全镇党员自觉增强“四个意识”，坚定“四个自信”，坚决做到“两个维护”，用实际行动树立迎难而上促发展的榜样示范，带动全社会经受住了考验，保持了发展势头，完成了各项发展任务。坚持党建引领村级工业园改造总攻，把基层党建和推动村改同部署、同推进，锻造了龙江铁军，镇机关党员干部作风形象获得广泛肯定，村（社区）党组织战斗力不断增强。顺利完成村（社区）换届，平均得票率达96.2%，整体村（居）“两委”班子的年龄结构、学历结构得到进一步优化。推动全面从严治党，村（社区）党委副书记专职抓党建有效推进，对基层党员落实常态化积分量化考核。廉政作风建设深入推进，开展基层执法领域专项整治，对村级工业园改造等重点领域实行专项审计监督，营造风清气正的干事创业环境。健全完善意识形态工作制度，牢牢把握意识形态工作的领导权和话语权。依托甘竹滩洪潮发电站建设的龙江博物馆之城再添一批新场馆，更好地传承“顺德精神”，凝聚社会各界强大合力。

（二）村级工业园改造总攻取得了阶段性胜利。在全区中率先实现了村级工业园改造总攻“万亩奔腾”的目标。结合“四定”要求，高标准、高定位编制龙江数字产业城规划，推动省市区共建顺德高端装备产业基地。以中国联塑集团为龙头的新材料产业园、海天高端智能装备生态产业基地、顺德（龙江）数字装备园三个龙头项目顺利落户龙江。此外，一批机械装备、环保装备、高端物流、环保建材、智能家具等优质项目相继落地。今年龙江镇共推出了1138.14亩国有工业用地承接6个优质项目，总投资额超450亿元，初步奠定龙江产业发展新格局。

（三）城乡发展取得新进步。中心城区、现代产业集聚区、里海文旅区“一城三片区”格局逐渐形成。基础设施不断改善，完成污水管网建设、人行天桥、道路改造提升等建设工程。人居环境进一步改善，大气PM2.5（细颗粒物）同比下降23%， 2条城乡黑臭水体顺利实现销号，城乡卫生水平不断提升。农村集体经济发展动能进一步增强，村改一次性分红少分不分留作长远发展成为村民的普遍共识。通过专项乡村振兴资金、督导帮扶等方式，调动了村（居）加快落实乡村振兴的主动性和积极性。农村人居环境整治有效推进，“自己家园自己建”的氛围不断增强。有效化解了一批农村历史问题，基本完成2017年村（居）征地承诺事项。陈涌、苏溪、左滩、仙塘、万安等村（社区）的乡村振兴初见成效。

（四）民生服务实现重要突破。教育高质量发展迈出重要一步，中小学校舍扩容提质三年攻坚行动全面启动，今年完成了1个校舍提升工程，启动了4个学校建设工程，预计可增加学位超5000个。大手笔奖教奖学，发动全社会认捐教育基金超1亿元，让社会支持教育的热情不断升温。与市教科所、粤港澳大湾区华南师范大学教师教育学院开展深度合作，进一步提升全镇教师综合素养。优生流失率明显降低，中考、高考成绩喜人。医疗服务水平稳步提升，养老、扶贫济困、慈善等事业也取得了新的进步。按照上级统一部署，顺利完成镇（街）机构改革，承接好下放事权，更优质、高效地服务企业和群众。

（五）共建共享治理格局加快形成。不断完善劳资纠纷调解机制，落实各项企业、职工的扶持政策，加快构建和谐劳动关系。社区营造试点开展有声有色，获得上级和社会各界的广泛肯定。工青妇等群团组织以及龙江总商会、顺德家具协会、龙江新市民商会联合会等社会组织积极参与社会建设，作出可见贡献。出色完成征兵任务。查处环保、城管各类违法案件，打好扫黑除恶收官之战。深化实施网格化管理，平安建设成效显著，推动无物管小区成立业委会、建立党员楼长制，彻底解决社区管理盲点。狠抓安全生产和食品安全，严格落实疫情防控常态化，全镇保持和谐稳定。

二、清楚认识新时代的要求，明确高质量发展的目标

2021年是“十四五”规划的开官之年。要擘画好“十四五”的发展蓝图，落实好各项工作部署，奠定龙江全面高质量发展的基础。龙江是全国仅有的泛家居全产业链基地，更通过村级工业园改造的“大破”，腾出了发展空间，一批引领性的产业项目落户。站在新的起点，我们要进一步解放思想，认真围绕贯彻落实新发展理念，谋划龙江的发展。龙江是未来顺德西部的重大产业平台，是顺德辐射珠江西岸、粤西地区的重要节点。我们要把握住机会、乘势而上，努力把龙江

打造成顺德的产业大镇、经济大镇。这是区委、区政府赋予我们的定位，也是时代赋予龙江的使命。

在新一年以及未来一段时期，我们要紧紧围绕建成产业大镇、经济大镇的战略目标，同心聚力、奋力拼搏、一马当先，努力实现八个愿景：一是规模以上工业实力明显增强，全镇规模以上工业企业总产值达1000亿元，龙江迈入千亿大镇行列。企业高质量发展水平提高，连片工业用地每亩产值达1200万元。二是数字产业城高水平建设见实效。省市区共建工作全面落实，建成先进材料应用、家具、食品和现代农业、高端装备等现代主题产业园区，龙江数字产业城发展成为省知名的先进产业集群。三是家具产业升级转型成效更突出，现代家具产业产值达600亿元，并向千亿迈进，力争有3到5家家具企业实现股改上市。四是三大商贸区成熟成形，盈信商圈发展成为区域性重点商圈，亚洲国际、世博汇区域发展成为具有影响力的泛家居商贸中心，前进十字路口、龙江家具长廊发展成高端家具商贸汇展区。五是打造不少于5个有特色、有活力、有文化的乡村振兴示范点，包括陈涌、苏溪、左滩、仙塘、万安、东头等示范性项目，甘竹滩洪潮发电站、桑园围灌溉工程、龙舟文化等成为龙江的乡村文化振兴品牌。六是农村稳定富裕，集体经济壮大发展。七是全镇学位供给有效保障，教育资源、教学质量全面提升，医疗水平排在全区前列，更好地辐射周边地区。八是专业市场、产业园园区管理规范有序，生产厂房全面升级，城乡环境得到明显改善。

三、乘气势、立标杆，一马当先，深入实施“四大振兴、一大提升”，推动实现千亿龙江

要实现建成产业大镇、经济大镇的使命，实现高质量发展的愿景，需要紧紧依靠龙江的优势，依靠龙江务实的企业家们，依靠龙江铁军的精气神，打开思路、久久为功，在接下来“大立”上一马当先。一是在土地整理要大立。要乘势而上，让低矮破旧的村级工业园彻底退出龙江历史舞台，改出更多连片产业用地，改出更多发展空间。二是在现代产业园建设上要大立。高水平加快建设现代产业园，保持战略定力，聚焦发展现代产业大项目。三是投资模式要大立。要充分调动本地企业、社会资本的积极性，放大和发挥社会资本的作用，更好地促进

发展。四是城乡建设要大立。要打造与现代产业相匹配的优质城乡环境，吸引更多人才，提高可持续发展能力。五是传统优势产业升级要大立。科技武装家具产业、先进材料产业，推动“龙”家具发展迈上新的台阶，打造成全区的重要产业集群之一。食品、纺织服装等特色产业进一步确立行业龙头地位，推动特色产业高端化。

依据既定思路，接下来的路径就是持续深入实施“四大振兴、一大提升”，具体是：产业振兴、家具振兴、乡村振兴、教育振兴以及加快城镇品质的大提升、立标杆。产业振兴就是要强大优势产业，发展现代产业，培育以先进材料应用、家具、食品和现代农业、高端装备为重要支撑的产业新格局，构筑龙江产业大镇的基础，争当制造业创新发展的标杆。家具振兴就是有步骤推动家具全产业链提升发展水平，持之以恒地抓好设计和品牌，推动家具产业向现代智能化、高端化发展，努力打造千亿家具产业集群、全球高端家具产业中心，争当推动传统产业转型升级的标杆。乡村振兴就是要用好村改红利，推动农村集体经济实现跨越式发展，加大对农村人居环境整治投入，鼓励村（居）结合自身特色打造乡村振兴品牌，让龙江的农村“看得见发展，留得住乡愁”，争当村改引领乡村振兴的标杆。教育振兴就是把教育作为区域竞争力的重要一环来抓，从落实校舍建设、创新办学模式、优化教学机制、引进名师名校、打造学校品牌等方面促进龙江教育全面振兴，争当推动教育高质量发展的标杆。城镇品质大提升就是落实“一城三片区”规划，大力推动产城人文融合发展，建设高品质中心城区，打造提升盈信、亚洲国际、前进十字路口三大商圈，推动新发展理念在龙江落地生根，夯实龙江经济大镇的基底，争当推动城乡融合高质量发展的标杆。这里，我重点强调今年及未来一个时期要抓好的12项工作。

一是坚定不移加强党的建设。今年是中国共产党百年华诞，一个世纪的实践，最有力地证明了中国共产党是中国一切事业的领导核心。在落实上级各项部署，建设龙江产业大镇、经济大镇的新征程上，要不断强化和发挥基层党组织领导核心作用，打造过硬的镇村队伍，全面落实党风廉政建设，牢牢把握意识形态领导权，更好地团结带领全镇企业家、广大群众，进一步弘扬村改精神、企业家精神、龙舟竞渡精神、甘竹滩精神、中心沟围垦精神，凝聚最强大的工作合力，突破前进道路上的一切困难和问题。

二是全力打好村级工业园改造收官战。坚持把党的领导贯穿村改全过程，强化顶层设计和统筹，坚持“工改工”为主，优化封闭运作机制，严控改造成本，用好“工改商住”反哺“工改工”，坚决在7月1日前实现“应改尽改”“应拆尽拆”。坚持以人民为中心，保证农民长远利益；保持战略定力，收储一批产业用地，留好发展空间。

三是高水平加快建设龙江数字产业城。落实省市区合作共建顺德高端装备产业基地，发挥龙头项目带动优势，以联塑集团为龙头，打造先进材料应用产业园；鼓励志豪、精一等家具企业发挥更大效能，带头打造龙江家具智造示范园区；支持南兴加快创新发展，引领建设食品和现代农业示范园区；发挥海天集团吸引集聚作用，以万洋为重要载体平台，打造高端装备产业园，同步做好各项基础设施建设，全力打造全省村镇工业集聚区升级改造示范区，建设现代产业集聚区。

四是全心全意服务企业发展。支持骨干企业加强科技创新应用。鼓励用科技武装企业，用技术强大核心竞争力，科技赋能转型升级，撬动新的增长空间。全力支持联塑集团、南兴天虹果仁等龙头企业用科技实现新蝶变。鼓励走创新全球化之路，收购科技设计研发机构，整合全球优质创新资源。支持企业发展总部经济，增加更多先进制造基地。鼓励原有优势产业集聚发展，打造先进材料产业总部基地、家具智造总部基地、高端纺织总部基地、食品和现代农业总部基地。集中力量引进重大产业项目，吸引更多优质企业，打造高端装备总部基地、生命科学总部基地。加快推动文化创意、现代物流等现代服务业与制造业融合发展。

五是支持家具企业涅槃振兴。支持家具龙头企业进行升级和股改上市，建立现代企业管理制度，创新发展模式。出台龙江家具的振兴十条和扶强十条，赋能家具产业升级转型。引导家具企业加强先进材料应用、数字化、智能化建设。擦亮龙江家具品牌形象，树立十大龙头品牌，建设龙江家具联盟。鼓励发展智能化家居，鼓励销售渠道创新。

六是创新传统优势产业的商业发展模式。建设龙江镇泛家居创新中心，建设百亩名优品牌展示中心，依托亚洲国际、广东家居设计谷、世博汇、龙江家具展贸长廊等，打造龙江家具振兴核心区。突出家具设计文化元素营造，建设东头文创公园，因地制宜建设多个文创设计公园。挖掘更多本土优秀家具设计人才，培育引进一批知名设计师，搭建平台，壮大设计成果转化产值规模。

七是厚植产业发展基础。实施厂房升级计划，提升陈涌、旺岗、仙塘、大坝等园区的高层厂房，强化安全生产和环保管理，加强工业园区周边环境整治和管理，加强信息资源共享，更好服务企业腾挪，为更多产业链企业提供发展空间。支持职业教育、职业培训发展，支持龙江职业技术学校与企业、高校联合办好龙腾数字产业学院、美学家居产业学院，加大人才对现代产业的支撑。推动人才链与产业链有机衔接。

八是推动民生提质提速。持续推动学校校舍扩容提质，在中心城区再建一所公办小学、一所九年一贯制学校以及两间高品质公办幼儿园，在里海片区建设一所高品质特色学校。建立师德师风建设长效机制，不断浓厚全社会尊师重教的氛围。重金引进全国知名校长，重金引进全国骨干学科带头人，重金引进优秀学校管理团队。力争到2023年，全镇教育高层次人才年增长率达5%以上，总量占教师人数的20%以上；每所学校平均每百名学生拥有至少一名区级或以上骨干教师。创新办学机制和模式，创新人才培养模式，创新义务教育阶段学生培养模式，支持龙江中学特色办学，实施学前教育扩普提质工程，打造各阶段的品牌学校，全力打造教育强镇。以争创三甲来推动龙江医院诊治水平、服务水平不断提高，打造区域性医疗高地。加大对弱势群体的帮扶力度，支持发展慈善事业，让“大爱龙江”不断焕发新风采。

九是实施商业会展环境提升计划。推进盈信、亚洲国际、前进十字路口、联塑领尚汇等商圈环境改造提升，激发社会投资活力，吸引更多优质商户进驻，加强商业氛围的营造，打造若干个辐射周边地区的特色商圈。

十是实现乡村大振兴。加快兑现并进一步放大村改红利，规范农村集体资产管理，提升提留产权物业的管理水平，不断壮大农村集体经济，推动农村农民持续增收。坚决兑现2000万元的专项乡村振兴资金，发挥村企结对作用，鼓励乡贤参与农村建设。坚持不懈推动治理难题妥善解决，落实农村人居环境整治，建设更多贴心公园，调动群众“自己的家园自己建、自己管”的积极性，支持村（居）打造具有自身特色的乡村振兴项目。系统做好龙江水系文章，保育活化古桥、古树、古祠堂、古水道，引入文旅资源，打响龙江文化品牌。

十一是努力让群众更有获得感、幸福感。持续提升基层治理能力，推动工会、共青团、妇联、侨联、武装部发挥更大的作用，支持各类社会组织更好发展，更好地参加社会共建共治。提升政府服务能力，深化平安建设，深化安全生产管理，发挥科技在安全生产和环保中的联防作用，织牢疫情防控网络，筑牢社会发展的稳定基础。提升环境管理水平，增强人才服务水平，让群众更好地享受到发展的红利。落实好甘竹滩洪潮发电站博物馆之城建设，把青少年交响乐团打造成龙江又一张名片。加强龙江美食宣传，打造展示龙江美食和饮食文化的集聚区。

十二是建设大美龙江。通过水陆并进，全力打造龙江镇产城人文融合发展新格局。推进实施龙山立交互联互通快速交通项目，破解困扰多年的龙山转盘交通“肠梗阻”。系统谋划龙江镇快速环镇交通网络，优化龙江西路建设方案及规模，打造以龙江西路、北华路、顺番路、乐龙路为支撑的龙江镇交通环线，建立智能化交通体系。抢先布局龙江镇污水处理厂及管网建设，彻底完成全镇黑臭水体整治任务，打造宜居宜业的美好人居环境。高水平推进中心城区规划建设，高标准打造龙跃大涌、龙湖景观带。以灯光亮化工程织就文化夜景龙江，倾力塑造龙峰山、锦屏山、大金山大美森林公园以及里海文创公园等千亩万亩公园，依托自然山水体系串珠成链重塑龙江的岭南水乡风情。

同志们，征途漫漫，唯有奋斗！要贯彻新发展理念、实现高质量发展，最需要的是担当作为的精神、攻坚克难的毅力。让我们高举习近平新时代中国特色社会主义思想伟大旗帜，继续发挥龙江铁军勇于担当的精气神，在区委、区政府的坚强领导下，继续以闻鸡起舞、日夜兼程、风雨无阻的奋斗姿态，一马当先、树立标杆，实现千亿龙江，建好梦想家园。

政府工作报告

——2021年1月25日在龙江镇第十七届人民代表大会第十二次会议上

龙江镇镇长　孙春刚

各位代表：

我代表龙江镇人民政府向大会作工作报告，请予审议，并请列席人员提出意见。

2020年工作回顾

过去的一年，是龙江实现大跨越、跃起腾飞的一年。镇政府坚持以习近平新时代中国特色社会主义思想为指导，贯彻新发展理念，坚决落实上级和镇委工作部署，统筹推进疫情防控和经济社会发展，扎实推进“六稳”“六保”，以攻坚村级工业园改造为突破口，较好完成了全年主要目标任务。预计实现工业总产值超1000亿元，增长9.1%。全社会固定资产投资116.83亿元，增长20.4%；工业投资51.97亿元，增长55.8%；工业技改投资46.31亿元，增长78.1%。经过一年的奋斗，一个崭新的龙江正在阔步前行。

（一）疫情防控有力有效。龙江经受住了新冠肺炎疫情的考验，在上级统一部署下，第一时间建立指挥架构，第一时间广泛动员，第一时间落实防控措施，社会各界闻令而动、积极作为，组成最广泛的抗疫战线，有效阻击疫情的传播，全镇未发生群体性感染。推出“四个一”[①]措施助力企业复工复产。成功举办第39届国际龙家具展览会和第29届亚洲国际家具材料博览会，参展人数创历届之最。加强疫情常态化防控，严格落实重点场所管理，宣传组织群防群控，精准落实重点人员排查防控措施，严控输入性疫情，做好集中隔离医学观察点服务工作。

（二）村改总攻引领产业蝶变。村改铁军不负众望，率先在全区中实现年度改造“万亩奔腾”目标。支持村改、参与村改、推动村改已成为新风尚，参表率和同意率节节攀升。苏溪村改开收益不作量化分红，全部留作发展集体经济的先河。高定位编制龙江数字产业城发展规划，围绕产城人文融合，重点发展先进材料、家具智造和高端装备等主导产业。省工信厅与佛山市、顺德区三级共建顺德高端装备产业基地，获得省的大力支持。做好招商引资和服务项目落地，顺德（龙江）数字装备园三期、海天高端智能装备生态产业基地、联塑集团先进材料项目相继动工建设。引进普瑞特智能环保机械装备项目，首宗家具企业村改地块顺利出让。累计已有1138.14亩国有工业用地推出市场，总投资额超450亿元。围绕《佛山市顺德区促进顺德（龙江）数字装备园建设扶持办法》，出台落实系列扶持措施，鼓励企业增资扩产，加快现代主题产业园区建设。家具产业加速转型升级，米兰汇家居展贸中心成功开业。

（三）崇文重教成果丰硕。全面启动中小学校舍扩容提质三年攻坚行动，完成锦屏中学加固及装修工程并交付使用，坦田小学、丰华中学、龙山中学、翰洋双语学校建设工程相继启动，龙江中学人行天桥建设有序推进，累计投资达5亿元。两个小区配套幼儿园[②]已完成主体建筑建设，将办成优质公办幼儿园。传承发扬尊师重教良好风尚，为龙江教育基金筹集募捐超1亿元。设立1000万元奖教奖学基金，重奖取得优秀成绩的师生。与市教科所、粤港澳大湾区华南师范大学教师教育学院进行全面合作。优质学位持续增加，优生流失率大幅降低。中考成绩取得新突破，首次有考生跻身全区前10名；高考本科上线和超目标人数再创历史新高。成功举办甘竹滩文化月系列活动，龙江青少年交响乐团成为龙江文化新名片。

---

①“四个一”：组建一支企业复工复产专员队伍，推出一揽子扶持政策，借助一系列平台，织牢织密一张防控网。

②两个小区配套幼儿园：中海云麓公馆、龙悦江山两个商住楼盘配建的幼儿园。

（四）基层治理卓有成效。对村改后的村（社区）支持不少于2000万元的乡村振兴扶持资金。总投资约2.08亿元落实173个乡村振兴项目。强化群众“自己的家园自己建”的能动意识，营造共建共享的良好氛围。成立乡村振兴智囊团，为龙江乡村振兴出谋划策。与省农科院在万安村合作共建乡村振兴文旅项目，打造“文旅+现代农业+科普”的融合发展新模式。陈涌、苏溪、左滩、仙塘等村（社区）结合自身特色，积极打造乡村振兴示范项目。以文华社区为试点，探索加强城市社区党建。无物业小区成立业委会，建立聘任党员楼长制，彻底解决社区管理盲点。大力推广小区人脸识别系统，实现与“雪亮工程”相对接。稳步推进“四标四实”基础信息采集，全面开展第七次全国人口普查。用好用活相关政策，基本兑现2017年征地承诺事项。顺利完成镇（街）机构改革，用好各项下放职能更好服务群众。高票完成村（居）换届选举。

（五）城乡品质全面提升。全面启动新城区开发建设，中心城区控制性详细规划已获市政府同意实施。完成三座人行天桥①和四条道路②建设，南坑跨线桥工程推进顺利。成功整治豪俊材料城西侧、聚龙城水浸黑点。积极参与创文“迎国检”，用绣花功夫推进城市精细化管理。甘竹滩广场、桑园围和龙江水利历史展示馆、龙江历史文化展览馆等系列场馆建成并对外开放，丰富甘竹滩洪潮发电站园区博物馆之城的内涵。启动贞女桥修缮和贞女桥公园建设，桑园围成功申报世界灌溉工程遗产。生态环境持续向好，“五大治水工程”高效实施，炮台涌、横坑涌2条城乡黑臭水体顺利实现销号。乐龙路西侧新开河涌累计开挖2.5公里，完成66公里的污水管网建设任务。强势推进“河湖清四乱”行动，清拆龙江大涌、龙山大涌周边违章建筑物近4.5万平方米。推进美丽田园专项整治，全年累计拆除破旧农棚153个，新建、改建农棚132个。实施“厕所革命”，全年改造、新建公厕34个。

此外，工会、团委、妇联、侨务、应急、民族、宗教、双拥、军转、优抚、武装、统计、档案、人口普查、公有资产监督管理、扶贫等各项工作都均得新成绩。

---

①三座人行天桥：冠业路人行天桥、亚洲国际人行天桥、前进—利保人行天桥。

②四条道路：豪俊材料城西侧道路、佛奥康桥水岸西侧道路、西溪东社大道、东华南路。

各位代表，2020年是“十三五”规划的收官之年。过去五年，在镇委的坚强领导下，全镇上下秉持“一旦出发，必须到达”的信念，以村级工业园区改造为突破口，带动全镇产业发展、社会民生、乡村振兴、基层治理等各项事业实现全方面提升，朝着“智慧龙江·梦想家园”愿景不断迈进，综合实力大幅提升，跻身全国综合实力千强镇第33位，较好地完成了“十三五”规划确定的主要目标任务。尤其是我们村级工业园升级改造的做法和经验，获得国家主流媒体的争相报道，龙江走到了舞台的中央。这些成绩的取得，是区委、区政府和镇委正确领导的结果，是各位代表监督、支持和帮助的结果，是广大干部群众团结奋斗和辛勤努力的结果，是社会各界关心支持和积极参与的结果。在此，我代表镇政府向关心支持龙江发展的社会各界人士表示衷心的感谢！

在肯定成绩的同时，我们也清醒地认识到发展不平衡不充分的问题在龙江还比较突出，主要表现为：一是村改总攻仍然在路上，村改“下半篇文章”任重道远，产业园区规划和配套建设还须持续发力，我们必须坚定信心信念，以“咬定青山不放松”的韧劲逐个解决、逐个突破。二是新旧能动转换成效还不明显，家具产业转型升级成效不突出，创新发展、走向金融市场的动能不足。三是生态环境保护历史欠账较多，大气污染防治、黑臭水体治理、人居环境整治任务较重。四是优质教育、医疗服务、乡村振兴、安全生产等领域还存在薄弱环节，与老百姓的期望还有距离。对此，我们必须高度重视，直面难题，采取有力措施加以解决。

“十四五”时期目标任务

“十四五”时期政府工作的指导思想是：以习近平新时代中国特色社会主义思想为指导，深入贯彻党的十九大和十九届二中、三中、四中、五中全会精神，深入学习贯彻习近平总书记对广东工作的重要讲话和重要指示批示精神，对标“十四五”时期经济社会发展指导思想，将新发展理念贯穿始终，积极融入新发展格局，既要一张蓝图绘到底，也要主动作为推动蓝图出新出彩，为顺德建设广东省高质量发展体制机制改革创新实验区作出更大的龙江贡献。

“十四五”时期的主要奋斗目标：充分利用村级工业园改造创造的难得发展

机遇，乘势而上、奋勇拼搏，在“大破”之后实现土地整理、现代产业园、投资模式、城乡建设、传统优势产业升级的“大立”，努力把龙江打造成为顺德的产业大镇、经济大镇，把龙江建设成顺德西部的重大产业平台，建设成顺德辐射珠江西岸、粤西地区的重要节点，推动企业发展更加高质量，现代产业结构更加完善，农村更加富裕稳定，城乡发展更加融合协调，环境生态持续向好，民生福祉持续提升，建成市民群众向往的美好家园。

“十四五”时期的战略定位

——争创全国家具产业集群高质量发展的标杆。汇各方资源、集全镇之力，打一场家具产业“强龙头、补短板、兴品牌”的攻坚战。发挥龙江家具全产业链的优势，以“科技+金融”推动龙江家具产业链创新升级，走出一条家具高质量发展的龙江道路，筑牢龙江家具的行业地位，成为全国家具产业集群高质量发展的标杆。

——争创全省村镇工业集聚区升级改造的标杆。坚定不移推进村级工业园改造“应改尽改”“应拆尽拆”，善用“省市区共建”机制，以村级工业园改造为突破口，将顺德高端装备产业基地打造成核心突出、特色鲜明、带动力强、集约高效的现代产业集聚区，成为广东省高端装备产业集群发展的高地、全省村镇工业集聚区升级改造的标杆。

——争创全市村改促进营商环境优化的标杆。优化龙江“一城三片区”产城空间格局，结合“工改城市”“工改公园”，塑造大美森林公园、千亩万亩文创公园，助力城乡环境品质提升。学习借鉴先进地区经验，以绿色智慧、产城融合为导向，集约土地资源，完善公共配套，提升教育和医疗服务的供给水平，吸引更多人才，力争成为佛山市村级工业园改造促进营商环境优化的标杆。

——争创全区村改促进生态协调发展的标杆。利用村级工业园改造，突出里海片区生态价值和文旅资源优势，推动里海片区村级工业园功能退转，重点引进都市产业和文旅产业项目，擦亮甘竹滩洪潮发电站博物馆之城的名片，打造成新兴绿色生态、产业蓬勃发展的文旅区，成为顺德区利用村级工业园改造促进生态协调发展的标杆。

——争创区域性教育高质量发展的标杆。从校舍建设、办学模式、教学机制、人才引进、培育名师、奖教奖学、品牌打造等多方面着力，保障学位供给，优化资源配置，让尊师重教蔚然成风。同时支持办好产业学校，加大人才对现代产业的支撑。推动龙江教育全面振兴，打造区域性教育高质量发展的标杆。

2021年工作部署

2021年是中国共产党成立100周年，是“十四五”规划开局之年，是龙江乘势而上、大有作为的一年。我们将按照上级和区委、镇委的部署，充分利用村级工业园改造创造的难得发展机遇，奋勇拼搏、真抓实干，深入实施产业振兴、家具振兴、乡村振兴、教育振兴以及城镇品质大提升、立标杆，全力推动龙江经济社会高质量发展。今年将重点抓好以下工作：

一、奋力夺取村改总攻全面胜利，为高质量发展蓄势赋能

全力牵好村级工业园改造这个“牛鼻子”，乘势而上、一马当先，通过多种改造模式，构建完善“一城三片区”城乡发展新格局。

尽快实现“应改尽改”“应拆尽拆”。强化顶层设计和统筹，坚持“工改工”为主，优化封闭运作机制，严控改造成本，要按照既定目标，全面开花、全情投入、全速前进，在3月底前实现2800亩的“应改尽改”，5月底前完成2400亩的“应拆尽拆”，让形态破旧、产能落后、安全隐患突出的村级工业园彻底退出龙江历史舞台。同时保持战略定力，全力收储一批产业用地，为未来高质量发展预留足够空间。

全力推动现代主题产业园区建设。牢牢把握省市区合作共建顺德高端装备产业基地的重大机遇，全面落实各项工作，将基地打造成核心突出、特色鲜明、带动力强、集约高效的现代产业集聚区，力争成为全省村镇工业集聚区升级改造的示范区。按照“四定”要求，对标国内国际先进，突出创新、人文、生态等要素，高标准打造朝阳数字装备超大项目产业城、数字产业众创城、家具振兴计划核心园区、数字装备全链产业园以及联塑科技城。全方位对接广深创新科技走廊，主动承接创新资源，面向全球大招商、招大商、招好商，力争引进更多在行业领域具有虹吸效应的优质项目。

坚持收益平衡，实现片区联动发展。突出不同片区的资源特色和功能定位，坚持以人民为中心，立足保证农民利益和农村长远发展，进一步解放思想、创新思路，探索更多样的改造模式，通过“工改商住”反哺“工改工”“工改绿”。以村改助力推动中心城区片区的产城人文融合发展，完善污水管网、道路等公共配套，高标准建设龙江新城。珍惜里海片区丰富的山水生态资源优势，严控工业发展，因地制宜推动部分可保留利用物业的功能和用途转型。以东头铜厂为载体，结合当地深厚的历史文化底蕴和特有的老旧建筑，发展文创设计产业，建设一个超千亩的文创公园。因势利导发展都市型产业、高端配送链，增强发展活力，系统打造里海片区都市产业与文旅产业联动发展的新格局。

二、坚持科技创新驱动，推动企业做大做强做优

强化企业科技创新主体地位，挥起“科技+金融”强硬翅膀，加快主导产业创新链带动上下游产业集聚发展。

大力支持企业科技创新。一是贯彻落实高新技术企业培育和规模化的各项重点工作举措，持续推动高新企业树标提质，更大力度培育一批“隐形冠军”企业、“独角兽”企业，支持中小微企业成长为科技创新的重要力量。二是推动发展数字经济，加快拥抱“5G+工业互联网”步伐，支持企业打造智慧园区、拓展工业互联网应用、建设厂房腾挪数字平台、实施产业数字化升级改造。三是完善产业园区数字化政务服务，建立园区数字化“一门式”服务平台和“一贯制”服务机制。

全面拓展资本市场“龙江板块”。落实区委、区政府“金凤凰计划”，全力支持企业走创新全球化之路，整合全球创新资源，打造成为核心竞争力强、辐射作用大的航母型企业。实施上市企业培育工程，培育一批上市意愿强烈、符合国家产业导向、成长性良好的优质企业，支持南兴、精一等企业加快股改步伐，迈向资本市场。全力吸引更多优秀企业落户龙江，推动“龙企”回流发展，力争3年内全镇培育和引入10家左右上市企业。

全面实施家具产业振兴计划。要坚定不移地推动龙江家具产业链创新升级，实现家具振兴。一是充分利用村级工业园改造释放的空间，优先供地给优质龙头家具企业，支持企业增资扩产，实现高质量发展。二是支持家具龙头企业进行升级和股改上市，出台龙江家具的“振兴十条”和“扶强十条”，规范家具行业发

展，赋能家具产业升级转型。三是推动工业设计赋能制造企业，支持广东家居设计谷打造成国内外知名家居设计产业集聚区，鼓励加强新材料应用，以设计引领家具行业迈向中高端。四是鼓励家具企业向智能化、数字化发展，打造数字化工厂，实现家具产业从“制造”向“智造”转型。五是支持职业教育、职业培训发展，推动产学研深度融合，加大人才对家具产业的支撑。

借助重大平台和龙头项目培育发展产业集群。以联塑先进材料项目为龙头，推进产业链向相关产业延伸，实现智能无人车间的“智造”示范，打造百亿级先进材料产业园。抓住海天项目落户的契机，吸引一批高端装备智能制造产业链企业集聚，将顺德高端装备产业基地打造成“立足湾区、辐射华南”的高端成型装备、智能制造产业高地。进一步瞄准医疗器械领域的发展导向，形成与周边镇街同类产业错位发展的良性格局，积极推进生命科学产业基地招商工作，力争培养成为龙江新型产业增长极。

三、坚持软硬件建设“两手抓”，厚植教育发展根基

百年大计，教育为本；社会发展，教育为先。龙江的未来，关键靠教育。要坚持用发展眼光，着眼长远推动教育，将龙江打造成为区域性的教育标杆。

加快推进校舍扩容提质。投入资金不少于2亿元，推进校舍扩容提质改造三年攻坚行动2021年项目实施，启动世埠小学、旺岗小学、里海学校扩建工程，对一批小学校舍进行加固改造和翻新。力争到2022年底，龙江最美的建筑是校舍，最美的风景在校园。积极创造条件，力争在中心城区再建一所公办小学、一所九年一贯制学校，在里海片区建设一所高品质特色学校。鼓励发展非营利性民办教育，作为公办教育的有益补充，构建多元发展的教育生态，形成百花齐放、互相争鸣的发展格局。

加快实施名师培育工程。加快推进教师人才队伍建设，与华南师范大学粤港澳大湾区教师教育学院、市教科所合作共建粤港澳大湾区教师发展创新试验区，把龙江打造成为粤港澳大湾区教师培养培训重要实践基地，为建设“优教龙江”提供优良的师资保障。进一步加大引智力度，完善优秀人才引进激励机制，给予优秀人才更高更广阔的平台，力争引进一批名校长、名教师。启动卓越教师培育工程，针对不同阶段教师发展需求，逐年推进教坛储英计划、教师赋能计划和教

育名家计划，高质量培育一批学科骨干、教学名师。实施青蓝互助工程，充分发挥名师的磁场作用，落实区级以上名师结对帮扶带教，着力打造学科精英团队，不断完善教师人才队伍结构，形成尊师重教的良好氛围。

加快拓展普惠学前教育。在高质量完成学前教育“5080”①工程基础上，进一步加大普惠性幼儿园建设和扶持力度，在财政资金分配、教师培训等方面向普惠性幼儿园倾斜。加快推进龙悦江山、中海云麓公馆等小区配建幼儿园的建设和移交工作，办成公立或普惠性幼儿园，进一步增加优质学前学位供给。倾力打造一批品牌优质、特色鲜明的标杆幼儿园，进一步丰富学前教育内涵建设。

四、满足人民群众美好生活需要，全面提升城乡品质

以广东省城乡融合发展中心镇试点为契机，对照新发展理念要求，持续改善民生、增进福祉，让人民群众获得更多实实在在的获得感、幸福感、安全感。

完善交通网络。打造内联外通的交通体系，加速对接粤港澳大湾区主要通道。全力推进龙江西部快速化路网建设，研究铺排朝阳工业区内外交通项目建设，实施龙山立交快速化联通、龙江西路南北畅通、龙峰路口跨线桥整体改造提升，实现龙江西路与顺番路、北华路、乐龙路无缝连接，建设环镇快速路，打造龙江版的“佛山一环”。大力整治交通堵点、黑点，研究通过单行、限行、加装护栏、车流引导、违停抓拍等措施，提升丰华路、东华路、后沿江路等重点路段通行能力。加强大数据应用，探索建立更智能化的交通调度系统。

改善生态环境。用好龙江“三山两水”，做好山水文章。加强水生态保护和综合治理，全面推进150公里污水管网建设，力争早日实现全镇23个村（社区）污水管网全覆盖。谋划推进五帽闸涌等9条河涌综合治理②，以及集北涌等7个活水节制闸（站）建设③。加快推进龙江第一污水处理厂三期扩容工程及第二污水处理厂

---

①“5080”：全区公办幼儿园在园幼儿占比达到50%以上，普惠性幼儿园占比达到80%以上，普惠性幼儿园在园幼儿占比达到80%以上。

②9条河涌综合治理：五帽闸涌、旺岗涌、茶园涌、新龙涌、长路涌、半路亭涌、西溪涌、龙首涌、大帽涌。

③7个活水节制闸（站）建设：集北涌、吉元涌、旺岗涌、茶园涌、鱼滘涌、良槎涌、梅圳大谷涌。

建设。保持环保执法高压态势，推进“绿满龙江”行动，用好龙江山林资源，打造特色林带，建设山清水秀魅力小城。

提升医卫服务。充分利用医校合作有关政策和资源，发挥龙头学科带动作用，深耕挖潜“顾问医生”项目，夯实创建三甲医院的基础，推动龙江医院打造成为区域性标杆医院。继续优化社区卫生服务站点布局，开展中医适宜技术项目，推进医养结合服务，丰富家庭医生服务内涵，打造更优质的社区卫生服务体系，推动城乡医疗服务均衡发展。做好2021年国家卫生镇复评工作，持续开展爱国卫生统一行动。

推动乡村振兴。实施“一村一规划”，实现“一村一特色”。用好村改专项乡村振兴扶持资金［每个村（社区）不少于2000万元］，撬动社会资源，发挥村企结对作用，推动更多乡村振兴项目落地实施。推进陈涌苏溪示范片区、左滩示范片区建成标杆项目，将仙塘村打造成为党建引领村改和乡村振兴的示范村，支持万安村打造现代农业乡村振兴示范项目。推进排沙、旺岗、集北、南坑、东涌、西溪等村（社区）乡村振兴概念规划编制，启动南坑一埠特色乡村振兴项目。

打造特色商圈。实施商圈环境提升计划，推进盈信、联塑领尚汇的商业中心氛围营造，推进亚洲国际、前进十字路口的商业会展环境改造。吸引更多社会资本，引进更多优质商户进驻，打造辐射周边地区的特色商圈。

丰富文化底蕴。大力弘扬“两龙文化”“甘竹滩精神”“中心沟精神”，以甘竹滩洪潮发电站红色教育基地为载体，继续活化其他厂房建筑，策划一批具有顺德特色、龙江特色的专题展馆，全力打造“博物馆之城”，拓展文化公共服务空间。推动古旧建筑保育活化，留住“龙江记忆”。推进具有3500年历史的顺德区文物麻祖岗公园建设，与桑园围甘竹溪段、见龙桥和甘竹滩园区连成一片，塑造“印象龙江”。

五、坚持党建引领建设有为政府，服务效能更加优质高效

坚持党的全面领导，加强法治政府建设，不断提高行政效能，努力建设人民满意的服务型政府。

全面加强政治建设。全面落实新时代党的建设总要求，把政治标准和政治

要求贯彻政府工作始终，加强政治建设，提高政治能力，进一步增强“四个意识”、坚定“四个自信”、做到“两个维护”。严明政治纪律和政治规矩，坚决贯彻落实上级和党委的决策部署，确保政府各项事业始终沿着正确方向前进。

始终坚持依法行政。带头尊法学法守法用法，创新普法宣传的方式和途径。强化法治思维，积极发挥政府法律顾问在重大行政决策、规范性文件制定等工作中的参谋指导作用。加强工程招投标和建设的全链条监督，保障重点项目稳步推进。自觉接受人大法律监督，主动接受社会舆论监督，大力提升政府工作科学化、民主化、法治化水平。

深化完善各项改革。不断优化理顺各办所职能，提升服务效能，完善行业管理标准，提高安全生产、消防安全、环保治理综合水平。规范村（社区）保留的高层厂房管理，坚持园区自管和属地管理双管齐下，以精细化管理助推现代产业发展。挖掘和用好商协会资源，做实做优区行业商协会社会治理现代化示范点，不断强化新市民商会联合会作用，服务好“新龙江人”。稳妥有序推进农村综合改革试点工作。总结文华社区党建引领基层治理创新、“楼长制”和出租屋小区式管理经验，逐步向全镇推广。

加强干部队伍建设。坚持在重点工作、难点工作中发现、培养、选拔干部，营造良好的干事创业氛围。严格落实中央八项规定，坚决取消不必要的项目支出。常抓不懈开展作风廉政建设，深入推进基层执法领域侵害企业和群众利益突出问题专项整治，确保各项事业发展行稳致远。

各位代表、同志们，新的一年，让我们高举习近平新时代中国特色社会主义思想伟大旗帜，在区委、区政府和镇委的坚强领导下，始终以闻鸡起舞、日夜兼程、风雨无阻的奋斗姿态，乘势而上、一马当先、树立标杆，为建设产业大镇、经济大镇不懈努力！为顺德落实新发展理念、建设广东省高质量发展体制机制改革创新实验区不懈奋斗！

龙江镇2021年
村改总攻“应改尽改”工作总结

龙江镇镇长　孙春刚

各位领导、同志们：

3月28日，对龙江、对顺德来说是个重要的日子，我们成为顺德镇级完成村改“应改尽改”第一名。当天上午，我和甘书记代表全镇人民接过区委、区政府颁发的村改决战先锋牌匾时的锣鼓喧天声，至今仍萦绕耳畔。我们每一个人，都成为新时代龙江践行新发展理念的见证者、参与者、推动者。为了这一天，我们在2018年5月从仙塘出发，历时三年在新华西胜利会师。三年来，龙江积极响应区委、区政府将村级工业园改造作为“头号工程”的号召，以此作为突破口推动高质量发展，汇聚所有资源，倾全镇之力，前后动用超过3000人次，投入这场没有退路的战斗中，累计改造整理达20775.56亩，全面实现“应改尽改”，取得村级工业园改造决定性胜利。 回顾三年来村改，我们走过了四个阶段历程：

第一阶段：先行先试，破冰攻坚。2018年我们在仙塘宝涌工业区（一期）寻求村改突破时，没有可借鉴样板,完全是一张白纸。利益主体权益怎么保障平衡，群众工作怎么做，舆情如何引导，一时无从下手，难度堪比“征地+换届”。万事开头难，为此我们做了充分的准备，甚至最坏的打算。也不去想得太多，开弓没有回头箭，只有一门心思埋头苦干。我们成立了强有力的工作组一线办公，坚持依法依规、正面引导和利益下沉的原则，研究制定了“读得懂、接地气”的村改方案。在此过程中，我们遇到很多困难，例如：原本支持村书记工作的部分业主不理解，甚至持反对意见，我们旗帜鲜明支持以村书记为首的党员干部，顶住压力、开诚布公、以理明义，最终争取到租户、企业主和股东的支持。还有因部分群众的不理解，出现了“集体土地被政府强征定向供应”“村委会贱卖土地”等声音，我们及时发文，并连续召开8场宣讲会，广泛宣传正确信息，通过各种途径及时阻止错误信息的传播。最终，仙塘宝涌工业区（一期）以85.13%同意率通过表决，刷新了当时仙塘村民表决纪录，为龙江接下来的村改奠定坚实基础。

第二阶段：势如破竹，形成范本。村改是“头号工程”，也是系统工程。2019年，我们牢牢把握2018年取得重要突破的良好势头，不但瞄准第一个千亩园区改造，更将村改工作往更深的层次推进，把村改当成系统性工作来抓，与农村党建、基层治理、队伍锻炼等多方面统筹推进。一是党建引领，重塑农村政治生态。及时调整部分村（社区）党委第一书记和副书记，选派骨干任部分村（社区）党委书记，提升班子战斗力，发挥基层党组织战斗堡垒作用，扫清歪风邪气，重新塑造了农村政治生态和秩序。二是领导干部以身作则、下沉一线。全体镇党政人大领导班子和各级干部冲锋陷阵，投入到村改最前线。指挥部领导带领工作组全部下沉一线，在村委会蹲点办公，包干负责，并亲自与阻力最大的村民谈，与最棘手的业主谈，破冰攻坚，争取最大支持。三是用心用情走好群众路线。对村集体，我们因地制宜推动改造，充分体现长远利益与短期利益相结合，集体经济实现了质的飞跃。对村民，我们赶在村民上班前和下班后，起早摸黑、错峰上班，讲好村改故事，算好经济账，让村民真正感受到受惠得益。对业主，我们尊重历史事实，坚持原则，作出合理补偿。对搬迁企业，我们出台扶持政策和提供服务，搭建腾挪园平台，留住企业扎根龙江发展壮大；表决后回访，宣讲相关政策措施，解决企业搬迁问题，让实干企业感受龙江村改的“温度”。通过一系列措施，使龙江村改形成了别具特色的经验做法，村改工作势如破竹，奠定了龙江在顺德村改的地位，总结提炼顺德村改“龙江样板”。

第三阶段：多箭齐发，万亩奔腾。去年春节后说得最多的一句话就是，不能摘了口罩才搞生产。于是“四箭齐发”，在4月底前就推进坦东、涌口、西溪、集北的表决，完成了全年4320亩的改造任务。9月11日，旺岗、排沙、左滩“三箭”集中表决，改造方案均获得高票通过，率先完成“万亩奔腾”的改造目标，成为全区首个年度改造超万亩的镇街。全年共完成11个村改项目，累计拆除整理土地10 497.97亩，改造任务完成率达243%。在全力攻坚村改的同时，我们加快土地出让和招商引资，年度出让1100多亩的工业用地，超过过去10年的总和，更引入了三个超百亿项目，改出了“一城三片区”的格局，改出了超20平方公里顺德（龙江）数字产业城的发展前景。2019年和2020年，龙江连续两年被区委、区政府命名为“顺德区村改攻坚标杆单位”。我们村改的经验做法，获得了国家主流媒体的争相报道，通过村改，龙江走到了顺德舞台的中央。

第四阶段：乘势而上，一马当先。今年，区委、区政府提出“七一”前实现“应改尽改”，我们为了抢抓历史机遇和政策窗口期，自我加压，提出了3月底前完成“应改尽改”的更高要求。经过摸查，要实现这一目标，需要完成13个村居共19个村改项目表决，这比2018年至2020年的总和还要多，这是一项十分艰巨的任务，但我们没有犹豫，秉承“一旦出发，必须到达”的信念，不达目标，决不收兵。越是往前推，情况越复杂，方案越难做。为打开突破口，我们要求在春节前年二十八，万安、麦朗、南坑要完成表决，这三位书记和村改指挥部都很给力，不负众望，均顺利高票通过，实现三炮齐响。春节后仍有16个项目需要表决，时间十分紧张。我们村改指挥部和铁军，迎难而上，各出奇招，以更高的要求，奋力争取“双百”的成绩通过表决。3月28日当天，一口气完成了6个村改项目表决。至此，我们仅用3个月的时间就完成了19个村改项目表决，刷新了龙江村改的加速度，累计改造面积达5295亩，表决同意率全部在99%以上，其中14个村改项目以100%的同意率通过。我们在全区当中一马当先实现村级工业园改造“应改尽改”，再一次演绎了龙江村改的速度与激情，不负上级、不负群众的支持与期盼。

在这里发生了很多故事，我们村改铁军的精气神进一步提升。例如：在土地租赁解除协议中，某业主要求村改指挥部为其解决16年前旧厂房拆迁赔偿历史问题，否则拒不签订解除协议，且作为社股东，将在村改方案表决中投票不同意。我们村改铁军对业主在思想上多关注，生活上多关心，积极协调村委会、股份社、综治办进行处置，通过查阅历史资料、制作询问笔录方式收集相关证据，经过50天持续努力，终于妥善解决了历史问题，给业主一个满意答复，该业主愉快地签订租赁解除协议，并表态支持村改表决工作。又例如：在对重点人员攻坚过程中，我们村改铁军发现其有轻微中风病史，立即联系社会服务中心和龙江医院的医生对重点人员诊断，给了许多有针对性的预防中风建议、注意事项和用药要求；同时，村改铁军把握住机会，详细宣讲村改方案，消除了重点人员的担心和疑惑，他们为村改铁军全心全意为人民服务和医护人员的精湛医术所感动，真心感受到人民政府为人民的初心，表示全力支持村改方案。还有，我们村改办同事为了村改总攻争取时间，日夜兼程，连续奋战，经常加班到晚上1点，甚至个别同事的妻子要分娩，他只请了半天时间照顾妻子后，又马上投身村改这场决战中，不久这个同事刚出生的儿子生病住院，这次他忍痛没有请假，将这个重任交给妻子、交给父母，继续攻坚村改。还有以下几个比较突出的同志：

仙塘村曾因党建薄弱造成村务管理混乱，赖珠兴自被选为书记、主任后，作为班长带领“两委”成员，完善基层组织架构，重拳治理，仙塘村已走上了稳定和谐发展之路。赖珠兴借村改之机，大力发展村集体经济，先后推动了三期改造项目，表决同意率从85.13%、88.05%再到99.97%，同意率节节攀升。其中一期改造项目作为全区首个“集转国+挂账收储+公开出让”改造项目，得到了省市区的认同并组织参观学习改造经验。赖珠兴由于工作出色，还被命名为“顺德区担当有为先进个人”。

廖浩南同志在村改工作中以推动集北村更好更快发展、改善村民生活环境、增加集体和股民收益为目标，始终坚持问题导向，践行群众路线，研判村改可能出现的阻力，提前谋划解决历史遗留问题的方案，通过翻查档案，邀请重点业主商讨村改工作，邀请退休老干确认土地界线，召集村改办、法制办共同研究，多次召开“两委”扩大会议形成共识。在土地租赁解除协议中，廖浩南发挥党员先锋模范作用，动员其父亲签订解除协议，形成示范效应，带动工业区内其他业主签订解除协议，使集北村改工作更加顺利推进。最终村改方案于4月26日以99.9%的投票率和参加投票中100%的同意率高票通过表决。廖浩南同志由于工作出色，被区委、区政府命名为“顺德区村改攻坚先进个人”。

何敏辉同志挂任龙江镇镇长助理，任龙江镇村级工业园区升级改造工作领导组副组长，先后任龙山、南坑、麦朗等村（社区）的村改总指挥或副总指挥。其中南坑是龙江村改难度最大、情况最复杂的村之一，但他能顶住压力，在七八月份的盛夏里挥洒汗水，用心用情走访群众，做业主工作，克服重重困难，最终实现表决同意率98.7%的骄人成绩，比该村一年前征地同意率高出10%，助力龙江村改领跑全区，成为全区首个实现“万亩奔腾”的镇街，率先实现“应改尽改”的目标。何敏辉同志由于工作出色，被区委、区政府命名为“顺德区村改攻坚先进个人”。

梅广文是龙江镇村改办的工作人员，95后的他成了龙江村改的“生力军”之一。从项目启动时要做的地块权属图、园区卫星图等，到项目推进中的表决方案、后期项目土地出让的实施方案，当中涉及的图纸都主要由梅广文负责。一个项目下来需要做十几张图，每份图纸经常要修改十几次。

比如村改项目的改造方案，为了平衡村民、业主等多方利益，需要反复修改，当中涉及的图也需要进行频繁修改。梅广文每天都要处理大量制图工作，办公桌上总是堆满了图纸，每晚加班到八九点已是常态，有时甚至到凌晨三四点。“那时候第二天一早村股份社就要和业主签解租协议了，我便和同事连夜加班核对测量数据，修改图纸，确保万无一失，我们才放心。”梅广文说。

在同事们眼中，这个小伙子勤奋有责任心，总是默默做事不言累，体现了龙江村改年轻力量的干劲。梅广文同志由于工作出色，被区委、区政府命名为“顺德区村改攻坚先进个人”。

林定基是龙江镇人大主席，也是村改攻坚战中的一线“指挥官”，先后参与难度较大的新华西村、坦西社区、仙塘村、官田村的村级工业园升级改造工作。作为镇人大主席，林定基多次组织人大代表开会，发挥人大代表在村改中的带头作用。同时，林定基还和人大代表们一起到村民家中宣传，将村民的意见汇总，及时提交给镇委、镇政府，供参考决策。

在防控新冠疫情的背景下，林定基坚持防疫、村改“两手抓”，继续创新走好群众路线。面对难点业主，林定基带领攻坚小队耐心细致地和业主洽谈，把“触角”伸到业主的家人、亲戚、朋友，尽最大努力争取业主对村改的支持。有一名业主开始是反对村改的，经过一个星期的谈判，甚至在周末，林定基放弃了休息，在业主去喝早茶的时候也找到他，聊聊家常，谈谈方案，在他和工作组共同持续不断的努力下，难点业主终于被感动，愉快地签下解除租赁协议。

对于村改总攻，林定基总是主动说：“最难的让我来！我熟悉情况，我有工作经验。”就这样，林定基全身心投入村改工作中，一个工业区一干就是一两个月，甚至没有时间好好照顾家中患病的老母亲。功夫不负有心人，林定基负责的村改项目均高票通过表决，村改后的干群关系更加融洽，乡村面貌更加生机勃勃。林定基同志由于工作出色，被区委、区政府命名为“顺德区村改攻坚先进个人”。

康裕安同志负责全镇村改统筹协调工作，主要职责是协调解决宗地测量与补偿评估、土地租赁解除等工作中存在的难点问题，制定群众满意和利益平衡的改造方案，还协助开展宣传策划和村改招商等工作。

康裕安来到镇村改办的第一项工作就是推动新华西宝涌工业区改造。在康裕安看来，村改中最大的难题，就是与各物业主解除原租赁协议。在最后一个“钉子户”业主，他收到指示，由卢润科和他组成最后的谈判小组，必须在全民表决前，签订解除租赁协议。经过多晚的日夜奋战和真诚、细心的沟通解释，他们圆满解决了最后的“钉子户”问题，完成了党委、政府交付的任务。最终，新华西宝涌工业区改造方案以全体股民98.8%的同意率通过表决，刷新了当时龙江村改和该村表决的最高纪录。

在完成新华西宝涌工业区改造项目后，康裕安充分运用实践得到的经验，协助镇委、镇政府向村级工业园改造发起总攻。他与村改办同事并肩作战，“5+2”，“白加黑”，晚上十点半前不打烊，日夜兼程研究解决土地租赁解除工作的难点堵点问题。为了村改，他忙得连陪妻子产检的时间也没有，二胎孩子出生后只休了两天假。同时，坚持理论联系实际，实地走遍全镇各个工业区每一个角落，听取群众意见和建议，制定改造效益最大的村改方案，赢得群众的广泛认可和支持。

更难得的是，在2020年1月26日（年初二），康裕安临时接到镇党委、政府关于新冠肺炎疫情防控工作的安排，虽然这是一项艰巨的任务，但这关乎整个社会的稳定和人民群众的生命健康安全。康裕安主动放弃村改期间难得的休息时间，义不容辞地投身到疫情防控一线，协助镇委、镇政府做好疫情防控工作。

近两年以来，康裕安由于担当有为、能力出众，在龙江村改工作中发挥重要作用，先后两次被镇委、镇政府命名为“村改工作先进个人”，被区委、区政府命名为“顺德区村改攻坚先进个人”，2018、2019连续两年获得区人民政府嘉奖，2020年被区人民政府记“三等功”。

作为龙江镇经发办副主任、镇村改办副主任，在镇村改办工作前，廖剑波同志是新华西村委会党委书记、主任。在新华西宝涌工业区升级改造期间，廖剑波同志全力落实镇委、镇政府的工作部署，通过坚持走好新时代群众路线，使党群关系更加紧密融洽，成功推动了龙江第一个千亩园区的改造，为建设新发展理念产业园——顺德（龙江）数字装备园打下坚实的基础。由于村改工作出色，廖剑波担任坦西社区第一书记，加强基层党组织战斗堡垒作用，协助村改指挥部开展村改各项工作。随后，廖剑波同志被镇委、镇政府委以重任，安排到镇村改办工作。他利用自身丰富的农村管理经验，协助各村改项目指挥部解决推进过程中的农村问题和群众问题，同时积极参与到改造方案的制定过程中，站在群众的角度，从群众利益出发，为制定群众满意的改造方案出谋划策，提出了很好的意见和建议。此外，正如他的口头禅“工作使我快乐”那样，他晚上一有时间就来到村改办办公室或前往村居，了解村改情况和同事在工作上的困难，与村改指挥部和同事一同面对，共同解决。他在村改办与村改指挥部之间发挥了重要的沟通协调作用，使村改工作推进更加顺畅和高效，协助龙江率先完成“万亩奔腾”和“应改尽改”的目标。

张思璘同志是最早的村改干部之一，参与了全镇所有村改项目。在全镇第一个村改项目——仙塘宝涌工业区（一期），张思璘同志运用多年的“三旧”改造经验，凭借着对“三旧”和村改政策的熟练和专业，与同事摸着石头过河，从无到有，为全区村改探索出大规模连片改造的“政府挂账收储”模式，成为可复制可推广的龙江做法，让龙江村改走上了快车道。在推进过程中，张思璘同志还协调解决村改项目的前期测量、评估、谈判、制定改造方案、表决等工作中的问题，并统筹负责村改项目的单元计划、单元规划、实施方案的审核及上报工作，为村改方案表决和加快土地出让作出积极贡献。张思璘同志由于工作出色，被区委、区政府命名为“顺德区村改攻坚先进个人”。

梁晓波同志作为西溪村改项目总指挥，积极带队走进西溪社区的各个村民小组，通过他的不断动员、政策宣讲，村小组长正确认识到村改所带来的红利，从不认同到慢慢接受再到衷心支持，并最终积极发动身边亲友支持村改。于2020年4月30日，西溪工业区一期改造方案以全体股民100%的同意率通过表决，这是龙江村改开展以来首个100%同意率通过的改造方案。同时，作为龙江派出所的所长，梁晓波同志始终把辖区当作自己的家，把辖区群众当作自己的亲人，还先后参与仙塘、苏溪、东头等村改工作，同时以新时代的“枫桥经验”为指引，高标准推进辖区的社区警务工作，充分调动23个驻区警长的积极性，协助村改干部入户开展宣讲工作，及时排查和化解涉村改的矛盾纠纷，为龙江取得村改阶段性胜利提供有力的支撑。梁晓波同志由于工作出色，被区委、区政府命名为“顺德区村改攻坚先进个人”。

黄勇基同志勇于担当，敢于作为，积极参与村级工业园改造的“头号工程”。组织村改驻村工作组下沉一线，坚持走好群众路线，不辞劳苦，日夜兼程宣传村改政策，协调研究制定方案，努力为村改企业排忧解难。2019年初至今，先后推进新华西、东涌、苏溪等6个工业园区共3700多亩的改造，并以高票通过表决工作，其中3个项目的表决同意率达到100%，为龙江在全区率先完成“万亩奔腾”和“应改尽改”的目标作出重要贡献。此外，黄勇基同志结合自身分管工作，多次带队开展村改联合执法，深入企业、村居做实做细安全生产、环境整治等相关工作，从各方面助推村改这一“头号工程”高效开展。黄勇基同志由于工作出色，被区委、区政府命名为“顺德区村改攻坚先进个人”。

除了在一线冲锋陷阵的铁军，也有很多做幕后工作的铁军，如镇党政办、宣文办、村改办，他们虽然没有在一线，但他们同样没日没夜、不辞劳苦、加班加点做综合协调、写材料、做宣传、做展板、做法务、做方案等等。也正是我们的铁军以这样的作风推进工作，让群众真切地感受到我们的作风，才让群众最大程度地接纳我们干部。所以才有了村民认为我们干部在酷暑下走街串巷做工作太辛苦了，主动煲了海带绿豆粥送过来看望慰问，以及千里迢迢地送来感谢的锦旗。正是真正践行了“从群众中来，到群众中去”，把党的正确主张变为群众的自觉行为，村改工作才得以顺利推进，甚至很多之前反复做稳控、化解工作的重点人员，都是在村改过程中做通了工作的。党委、政府的威信、公信力得到了群众高度认可，群众对政府工作人员的工作作风高度赞扬，干群关系进一步密切融洽，所以才有那么多个99%、100%。在此，我要代表党委、政府向村改铁军表示感谢，向你们致敬！我们有着一支敢于担当、不畏艰辛、善做善成，召之即来、来之能战、战之能胜的村改铁军。

在很多人看来，村改比村（居）换届加征地还难，历史问题和利益关系错综复杂，是不可能完成的；改革难度比当年顺德产权制度改革更高，没人敢碰。但是龙江村改铁军就是大胆闯、大胆试，坚持以问题为导向，在政策允许的前提下，用足用活政策，现行政策不允许的，全力争取上级支持突破政策，面对困难是迎难而上的，想办法解决，而不是绕着走、躲着走。所以才有龙江村改从“破冰攻坚”到“一马当先”，从“群众拒绝开门”到“出门笑脸相迎”，从仙塘宝涌工业区153.72亩到全区率先实现“万亩奔腾”，再到全区率先实现“应改尽改”，牢固地确定了村改走在全区前列的地位。但为什么龙江行？为什么是龙江？

上级的强力领导和大力支持，特别是出台了系列有针对性的政策措施，提供了资金和土地指标方面的支持，是龙江村改取得成功的最关键因素。另一个重要因素是精气神，奋斗有为、笃行致远的村改精气神。“奋斗有为”就是我们的村改铁军用铁的意志、铁的信念、铁的担当、铁的作风、铁的纪律，不怕苦、不怕累，早上6点集中入户表决，晚上十点半还在研究政策方案，不断啃下村改道路上一个又一个“硬骨头”，表决每票必争，自觉地“赶学比超”；而且善做善成，能巧妙化解错综复杂历史问题，梳理纵横交错利益矛盾，平衡盘根错节的利益诉求，用心、用情、用脚、用汗水、用智慧获得广大群众、业主和企业的认可和拥护，让95%以上同意率成为村改表决新常态，100%同意率的项目占总数的一半。“笃行致远”就是我们干部队伍、村改铁军认定一个远大的目标去推动村改，村（居）、企业、业主和村民都可以认识到村改的意义，发自内心地与党委、政府一起推动村改。为了长远的发展，村改收益少分乃至不分成为常态，企业和业主的意识随着村改不断进步，舍“小家”为“大家”，同心同向，为地方长远发展、高质量发展作出贡献。村改是全体村改铁军、广大群众、企业和业主同战壕、肩并肩走过来的，是大家的汗水和付出、勇气和智慧。这继承发扬了源远流长的龙江精神，是对龙江精神新的诠释和演绎。

龙江精神的源头就来自桑园围，桑园围不但是改变龙江发展历史的伟大农业灌溉工程，更塑造了龙江人万折必东的精神气质，然后再有中心沟围垦战天斗地、艰苦奋斗和甘竹滩洪潮发电站开拓创新、自力更生的精气神，再到改革开放初期龙江家具敢为人先的创业精神，就是一代又一代人用钢铁般的意志，在龙江这个地方筑起了一座座划时代的历史丰碑，也是今天龙江底气所在。到了今天，我们有幸参与了村级工业园改造这一个意义非凡、影响深远的工作中，共同铸就了新时代的龙江精神，再次激活了龙江人骨子里干事创业、开拓创新的基因，也验证了龙江勇立潮头的精神还在！艰苦奋斗的意志还在！群众基础还在！全社会大局管理还在！这是村改带的财富，十分珍贵，我们既要认真总结提炼，更要把这种精神落实到各个领域、各行各业，保持住来之不易的发展势头，继续攻坚发展短板，推动全面高质量发展，提升全镇人民的获得感、幸福感。

有了上级的政策支持，有省市区共建顺德高端装备产业基地带来的发展机遇和前景，有奋斗有为、笃行致远的龙江村改精神，有广泛支持的群众基础，龙江在高质量发展的大道上昂首前进，坚信龙江将来也必将继续走在舞台的中央！

同志们，以上是我代表镇委、镇政府对前阶段村改工作的总结。今天我们还专门邀请龙建刚教授给我们讲解一下龙江的村改精神，等下请龙教授再讲深讲透一点龙江村改精神。下面，我接下来就村改“后半篇文章”，作一个简要的部署。

同志们，现在村级工业园改造“应改尽改”的表决已经全面完成，接下来要继续发扬村改精气神，保持势头，按照区定的时间节点，全力攻坚“应拆尽拆”，坚决让形态破旧、产能落后、安全隐患突出的村级工业园彻底退出龙江历史舞台。一是要做好2020年已表决项目2430亩的拆除收尾工作，以及今年表决2800亩的拆除工作铺排，进一步压实评估、表决、招标、施工等时间节点，将招标前期准备、企业清退、管线前移等工作前置，实行拆除进度一日一报、工作例会一周一次制度，及时研究解决拆除过程中出现的问题，确保拆除工作高效推进。二是要服务好企业腾挪，尤其是规上企业、优质企业，实行“一企一策”，协助做好企业搬迁腾挪计划，研究出台入园租金奖补扶持政策，争取在镇内现代产业园区实现腾挪。对保留的高层厂房实施“内外兼收”的改造提升，为企业发展提供空间载体。三是要加强拆除工作全过程监督。村改项目拆除是系统工程，事关群众和企业主的直接收益，事关安全生产的硬性要求，也事关干部能否廉洁履职。纪检、环保、公安等部门要全程介入，对于发现的问题要及时纠正，将拆除工程打造成为廉洁工程，做到安全文明施工。

同志们，村级工业园改造既为龙江创造了难得的发展机遇，更为龙江锻造了村改铁军精神，这是一个宝贵的精神财富。我们都没变，还是2018年一路走来的你我。我们要将这种精神发扬到社会方方面面，乘势而上、主动作为，用汗水和智慧奋力书写好村改“下半篇文章”，为夺取村改总攻全面胜利，为建设产业大镇、经济大镇，为顺德区率先建成高质量发展体制机制改革创新实验区和新时代广东省贯彻落实新发展理念实验区作出新的贡献！

编者的话

本书得以出版，感谢上级党委政府指导与大力支持；广东电视台、南方日报、佛山日报、珠江商报、顺德城市网等媒体大力支持，给予龙江村改更多的力量。在此，我们一并致谢！

龙江村级工业园改造，可谓日新月异，限于本书篇幅和编写时间所限，难以反映村改全貌。如有不足之处，敬请各位不吝指正。

编者

2021年11月